主导设计演进对网络型企业竞争力的影响

李艳红　著

中国财富出版社

图书在版编目（CIP）数据

主导设计演进对网络型企业竞争力的影响/李艳红著．—北京：中国财富出版社，2012.12

ISBN 978-7-5047-4492-0

Ⅰ.①主… Ⅱ.①李… Ⅲ.①企业管理—技术管理—研究 Ⅳ.①F273.1

中国版本图书馆 CIP 数据核字（2012）第 249450 号

策划编辑 王宏琴　　**责任印制** 方朋远
责任编辑 赵金杨　　**责任校对** 孙会香　杨小静

出版发行 中国财富出版社（原中国物资出版社）
社　　址 北京市丰台区南四环西路 188 号 5 区 20 楼　　**邮政编码** 100070
电　　话 010-52227568（发行部）　　010-52227588 转 307（总编室）
010-68589540（读者服务部）　　010-52227588 转 305（质检部）
网　　址 http://www.clph.cn
经　　销 新华书店
印　　刷 北京东海印刷有限公司
书　　号 ISBN 978-7-5047-4492-0/F·1855
开　　本 710mm×1000mm　1/16　　**版　　次** 2012 年 12 月第 1 版
印　　张 11　　**印　　次** 2012 年 12 月第 1 次印刷
字　　数 174 千字　　**定　　价** 28.00 元

前　言

网络产业具有许多不同于其他产业的特征，其中最显著的是网络效应。网络效应的存在致使主导设计成为企业在市场上的重要竞争领域。之前学者们对于主导设计与竞争力的研究都处于一种分散状态，较多研究集中在技术创新与企业的竞争力关系之间，至于在这个过程中，产品主导设计会扮演一个什么角色，正是我们所需要考虑的。

网络产业的网络效应要求企业达到临界规模才能生存，这个过程中消费者预期至关重要。主导设计的出现，推动和加速了产业标准化的进程。标准的确立给生产商带来了规模效应，降低了消费者疑虑，随着网络效应增强，消费者获得了更多的让渡价值。因而，主导设计从两个方面影响消费者预期：第一，主导设计能给供需双方都带来利益，从而也会影响需求方——消费者的预期；第二，产业的主导设计对市场结构有重要影响，从而影响消费者预期。

主导设计的确立，还意味着企业抓住并掌握了行业技术轨道，从而能够持续低成本、高效率创新。同时这些主导设计标准往往表现为专利形式，在知识产权制度下，其他企业创新往往涉及侵权行为。再加上网络效应对消费者的锁定以及间接网络外部性对互补产品生产商的影响，使得这些主导企业搜刮了行业的大部分利润。企业一旦将自己的主导设计上升为行业主导设计，同时利用知识产权保护机制，就建立起了良好的市场进入壁垒，一方面能够获得持续的低成本的创新，另一方面还能保护自身技术。在这个过程中，主导设计的确定，标志着市场进入壁垒的形成，可以大大提高企业抵御风险、获取超额利润和进行消费者锁定的能力，从而增强企业的竞争力。主导设计标准的演进，是企业形成异质性能力，获得持续竞争能力的重要途径。

通过实证诸多影响网络型企业竞争力的因素进行主成分提取分析，得出直接影响技术创新的因素起关键性作用的结论。从2006年电子信息百强企业名单中选取国内上市比较有代表性的30家企业数据进行分析，首先通过计算得出因子得分函数系数，由此得到因子得分函数，并计算出因子得分，在得分函数表中就可以直接查询每个样本的具体特征。通过查询，可以检验本书对代表网络企业技术创新的两个变量专利数量和研发投入比率的假设，也就证明了技术创新在网络型企业竞争力中占据了重要地位。接着从定量分析的角度出发，运用主成本分析、“夹角正割平方和最小”的优化准则以及模糊数学理论，构建一种有效评价企业竞争力的新模型，以克服评测过程中人为因素对评价结果的影响，同时避免极端标志值对评价函数造成的突变影响。

推进企业技术进步，开展技术进步管理，是企业获得持久竞争力的根本保证，是促进经济增长方式的根本性转变的有效动力。作为经济发展中一项十分紧迫的战略任务，快速有效地建立起企业技术进步路径，已成为当务之急。企业技术进步是一个企业通过技术引进或自行研究开发，取得新技术，并应用于生产经营过程，进行产品创新和技术改造，以提高企业经济效益的动态过程。主要表现为加强对知识型员工的管理、企业之间建立技术创新网络以及积极开展有效的技术转移等。

本书作者在已有研究的基础上完成了专著《主导设计演进对网络型企业竞争力的影响》，对产品主导设计与企业竞争力之间的关系进行了系统深入的研究，取得了一些重要研究成果，本书所做出的创新研究成果有以下几点：

(1) 网络产业的网络效应要求企业达到临界规模才能生存，这个过程中消费者预期至关重要，主导设计的确立能够给消费者预期带来正面影响。主导设计的出现推动、加速了产业标准化进程，标准的确立一方面给供给方带来了规模效应，另一方面通过网络效应给消费者带来更多网络价值，两者相互作用进而会影响消费者预期。此外，主导设计的确立，降低了市场的多样性，厂商通过迅速达到临界规模消除消费者疑虑，进而影响消费者预期。

(2) 主导设计的形成，意味着企业自身新的技术轨道形成，顺轨创新能够带来创新的持续性和集群性。基于主导设计的演进，通过推动和反向强化、拉动和正向强化、支持、衍生、示范和渗透这六大作用形式，带来了持续性创新效应。另外，主导设计的演进，会使企业沿着产业技术轨道创新，并形成自身的技术轨道，形成产品族创新，从而形成创新集群。同时这些主导设计标准往往表现为专利形式，在知识产权制度下，其他企业创新往往涉及侵权行为。再加上网络效应对消费者的锁定以及间接网络外部性对互补品生产商的影响，使得这些主导企业搜刮了行业的大部分利润。消费者需求的变化、技术的跳跃性变化等引起了主导设计标准的升级。网络型企业通过各种研发形式，推动产业主导设计标准的演进，从而获得强大竞争力。

（3）标准化能力纳入网络型企业竞争力评价中。主导设计的确立意味着行业标准化现象的形成，标准化能力必须在企业竞争力中得以体现，标准化能力包含技术标准化能力以及产品标准化。标准化能力以及主导设计最终表现为企业的专利化能力。本书选取了专利数量、研发投入经费以及一些财务指标，通过对 30 家企业的数据进行实证分析，得出主导设计对网络型企业竞争力产生重要影响。主导设计使网络型企业经营出现了全新的理念，而其成功的关键就是要确定以主导设计、技术创新以及标准化为中心内容的企业竞争战略。

李艳红

2012 年 10 月

目 录

1 绪　论

在技术演进的大背景下，本章通过对30家上市企业的研究，深刻地揭示了主导设计、技术创新和产品创新对我国产业发展的重要性。界定网络型企业、产品结构和主导设计的概念，主导设计与标准化的区别。说明如何采用理论研究与实证研究相结合的方法，从文献综述、理论探讨、系统设计和实证研究四个阶段来进行主导设计演进对网络型企业竞争力影响的研究。

1.1 选题背景与意义

1.1.1 选题背景

20世纪80年代以前，企业面临的基本上是一个稳定、可预测的环境，这种环境的主要特征是：竞争主要是在本产业内的国内竞争对手之间展开；产业立法限制了竞争者的加入；产业实践界定了产业内的经营规则；科层组织对员工进行了控制和约束；企业政策与程序和工作说明书限制了企业中的行事方式。在这样的环境下，管理者可以通过计划、组织、激励和控制来进行管理，通过任务的专业化分工和把整个企业分成不同的独立部门来提高效率，以较低的价格出售大量制造的标准化产品，或者以高价出售定制化的高质量产品来展开竞争，其关注的是效率、秩序、职业化和纪律，并且许多企业都在应用这些规则。

自20世纪90年代初期以来，在信息经济、网络经济和知识经济日益明显的超强竞争的作用下，有利于环境稳定的国界、规则与控制等因素影响作用趋于弱化，企业的竞争环境从相对稳定的静态转向动态复杂性。而不确定环境、快速变化的环境、复杂环境、动荡的环境、超竞争等概念的出现，反映众多学者对环境动态复杂性的关注。放松管制（deregulation）、结构变革、过剩的能力、兼并和联盟（MA&A）、关注环境污染、变化的顾客预期、技术不连续、全球竞争等，成为当今正在变化的环境的主要特点。环境呈现技术变化及扩散加速、信息密集、知识密集及边际递增产业浮现四大特点。这些充分揭示了当代社会经济环境的复杂性及环境要素间的相互依赖性。

技术与市场等环境因素正在发生变化，并且这种变化不仅复杂，而且在很大程度上具有不可预测性。其主要表现在以下四个方面：

（1）快速变化的经济环境、制度环境、政治环境、文化环境、技术环境和产业竞争环境中的不确定性，竞争对手行为、顾客偏好的复杂性和不确定性等；

（2）与不同的环境感知所引发的竞争互动和导致上述环境变化的众多关联因素的复杂性；

（3）在企业内部，由决策者与受决策影响的人之间的冲突而引发的不确定性；

（4）消费需求变化加快且难以预测，狭窄的顾客利基，产品生命周期缩短，新技术层出不穷，技术创新呈现连续中断（continuous discontinuity）而导致产品——市场可能很快出现和消失，竞争规则发生变化。

总体上，动态复杂环境反映了当前市场，特别是高科技产业存在的全球竞争。在动态复杂性环境中，企业总是处于不断的变化和非均衡的状态之中，不能根据现实环境选择正确的竞争策略的企业将难以实现长期生存和发展。因此，如何适应竞争环境的转变、实现可持续发展，就成为企业急需解决的问题。中国入世后与全球经济的联系越来越紧密，更多具有极强竞争力的企业陆续进入中国市场，企业的竞争环境也日益趋于动态复杂化。

在动态复杂环境下，诸如经济全球化、技术的交叉渗透、产业界限与企业边界的模糊性、信息技术和电子商务的快速发展、知识要素地位的上升、标准的建立与更替以及动态的战略调整等挑战，不仅改变了竞争的规则、竞争的性质和可持续竞争优势的源泉，而且还相互作用，进一步强化了环境的动态性，对企业竞争优势问题和传统的竞争优势理论提出了更严峻的挑战。为了应对动态复杂环境对传统竞争优势理论的严峻挑战，国内外理论界一直在努力寻找可以有效地指导动态复杂环境下企业竞争优势实践的理论框架。

1.1.2 研究意义

技术演进、产品创新对产业的影响是毋庸置疑的，但是此前战略的研究大多将技术演进仅仅作为外部环境的一个变量。本研究试图说明技术演进及由此引发的产品主导设计的变迁，往往是由产业内的特定组织引发的，这使得技术因素本身必须被当做产业内企业构建竞争优势的一个内生因素来加以考虑。产业内主导设计的变化以及引导或应对这一变化的能力越来越成为企业在产业内获得并保持竞争优势的关键，而如何应对新技术及其导致的产品主导设计演进则更是涉及产业中技术相对落后的企业生存与发展。

在技术演进的大背景下，依企业对各历史时期的产品主导设计演进所作出的贡献，可以清晰地将产业内的企业划分为不同的战略群组。其中，领先企业可以运用其积累的相应资源和能力，对产品主导设计的发展方向做出一系列的持续战略决策，这些战略决策不但将对企业自身，同时也将对整个产业结构及其产业链上的价值分布产生根本性的影响；而追随者则需在平衡自身资源与能力的基础上对各种不同的主导设计做出模仿，并努力构建成本优势以维持平均利润，并积累能力以期在下一次的主导设计竞争中觅得先机。在全球化的今天，产业内技术相对落后的区域性市场中的企业不但要面对区域内的同一技术层级上的企业的产品和价格竞争，更要强调及时、适当的对整个全球化产业链上的产品主导设计演进动向做出反应，以构建其国际竞争力。

本书从我国 2006 年电子信息百强企业中经过仔细筛选，最后挑了 30 家上市公司作为研究对象，这 30 家企业涉及的行业不尽相同，更具有代表性。

通过对这30家企业的研究，可以更加深刻地揭示主导设计、技术创新和产品创新对我国产业发展的重要性。同时，基于主导设计演进的技术创新，会对企业采用竞争战略的培育具有很强的现实指导意义。

这一研究，以产品主导设计的演进作为测度的对象，深入分析产业链各个环节的技术进步因素对产品主导设计演进的影响，揭示了技术演进背景下企业竞争力的构成，对企业在科技发展日新月异的环境中参与竞争有一定的指导意义。

1.2 研究对象和主要创新点

1.2.1 网络型企业概念的界定

从20世纪80年代开始，由于美国网络产业的经营环境发生了重大变化，网络产业经济学的关注重点和研究内容也有所改变。这些变化主要表现在两个方面：一是AT&T电信网络被分割，美国电信产业引入竞争。因此，不同（电信）网络之间互连互通问题、兼容性问题、互操作问题和服务质量的协调问题就变得相当重要。二是随着信息通信技术（Information and Communication Technology，ICT）飞速发展和在经济生活中的重要性增加，一些经济学者从网络的“互补性”特征角度把网络产业外延，从物理网络产业扩大到了“虚拟网络”产业。这些虚拟网络产业既包括ICT产业，也包括其他一些互补性很强的纵向关联产业。比如美国经济学家夏依（Oz Shy，2001）的《网络产业经济学》一书，就把网络产业范围扩大到了包括E-mail、Internet、计算机硬件、计算机软件、音乐唱机、银行服务、航空服务等很多产业[1]。伊克洛米德斯和怀特（N. Economides and L. J. White，1993）分析了纵向关联产业的相关问题。在后期，随着更多经济学家对“虚拟网络”的关注，网络产业经济学在研究内容上除了网络产业研究的传统内容外，还特别强调网络产业的“网络外部性”特征及其影响[2]。在国内，对“网络产业”这一概念的界定，学术界存在不同解释。罗仲伟认为“具有网络性质的产业就是网络产业”[3]。肖兴志、陈艳利将网络型产业定义为“需要固定物理网络来传输其产品和服务的基础设施产业”[4]。本书比较赞同罗仲伟的定义，而处于网络产业中的企业则称为网络型企业。

网络产业具有许多不同于其他产业的特征，其中最基本最显著的特征是网络效应。凯兹和夏皮罗将网络效应区分为直接网络效应和间接网络效应，其中间接网络效应称为硬件/软件范式（Hardware-software Paradigm）[5]。由于网络效应，随着越来越多的消费者购买同一产品和该产品的辅助产品不断增多，该产品对消费者的效用不断增大，消费者的边际支付意愿增强，产生更大的市场需求，引发正反馈效应。由网络效应所导致的正反馈效应和市场锁定，使网络产业呈现“赢者通吃”的市场格局。居于市场主导地位的厂商所采用的主导设计最终会成为行业标准，处于弱势地位的厂商或依附于该标准，或面临被市场淘汰的危险境地。因此，在网络形成的初期，每个厂商都希望自己的标准成为行业标准，争夺市场主导权的竞争非常激烈。

1.2.2 主导设计的概念与内涵

1.2.2.1 产品结构的概念界定

产品结构的概念最早由 Henderson 和 Clark 提出，他们起初将其命名为产品世代（generational），后来在 Tushman 的建议下改称为产品结构（architecture）[6]。他们将构成产品的零部件与将这些零部件组合到一个系统之中的方式区别开来，定义将产品各部件组合成一个系统的方式为产品结构（product architecture）。在这一基础上他们定义改变产品结构但并不改变其部件的创新为结构创新（architecture innovation），改变产品部件但不改变部件之间组合方式的创新为模组创新（modular innovation）。他们指出结构创新破坏了现有企业产品结构知识的应用，且由于产品结构知识根植于现有的企业结构和信息传递程序，因此这种破坏很难被企业辨识和改正，结构创新因此给现有企业带来了巨大的挑战。

Henderson 和 Clark 认为传统的将创新分为渐进性创新和根本性创新的分类方式是不完善甚至是误导的，这种分类无法解释有时一些产品上的细微的技术改进对产业造成的巨大影响[6]。他们构建了一个框架来对创新给出新的定义，用横轴表示创新给产品部件带来的影响，用纵轴表示创新给部件之间的组合方式带来的影响，这一框架中增加了结构创新和模组创新（modular innovation）两种创新形式。

为了更好的理解这一框架，需要注意两个概念：其一是主导设计（dominant design）的概念；其二是企业的知识和能力来源于其从事的任务。Henderson 和 Clark 特别讨论了企业部件（component）知识和结构（architecture）知识的演进，指出在主导设计出现之前，由于产品的结构不确定性较大，企业在任务中获得和积累了相当多的结构知识；当主导设计出现后，产品结构趋于稳定，企业知识的构成中部件知识的比重逐渐增加。由此，Henderson 和 Clark 不仅扩展了此前关于创新特征的认识，更借由部件知识和结构知识的概念将创新和企业学习能力联系在了一起[6]。

Ulrich 的产品结构（product architecture）定义包含：①功能要素的安排；②功能要素向实体部件的映射；③互相作用的实体部件间的界面规范。他将产品结构区分为模组结构和整合结构两种类型，定义模组结构（modular architecture）为功能结构中的功能要素与产品的实体部件间的一对一映射关系，且具备分离的部件间界面；整合结构（integral architecture）为功能要素与实体部件间的综合映射及/或部件间的连接的界面。Ulrich 进一步讨论了产品结构和产品部件对于特定生产系统可生产的产品多样性的经济性的影响。Ulrich 指出产品的模块化结构使产品部件标准化成为了可能，而产品部件标准化又成为企业柔性制造的基础。整合结构的产品在某一项功能上的改进牵涉到对数个部件的调整，而模块化结构产品的功能改进只需调整相应的功能部件。对于模块化结构的产品而言，厂商通过改动某个部件就可以改进下一代产品的性能。整合结构的产品只有在具备部件工艺柔性的情况下，多种产品的生产才具有经济性；模块化结构的产品即使在不具备部件工艺柔性的情况下也可以在制造中兼顾产品多样性和经济性[7]。

1.2.2.2 主导设计和标准化

在讨论产业演进和产品创新的时候，主导设计和技术标准是两个经常出现且容易混淆的概念。主导设计概念是美国产业经济学家阿特拜克（James Utterback）在《把握创新》（*Mastering the Dynamics of Innovation*）一书中首次提出，其基本含义可概括为：主导设计是在特定时期融合了许多单个技术创新并以一个新产品的形式表现出来的技术与市场相互作用的结果，是赢得市场信赖的和创新者为支配重要的市场追随者而必须奉行的一种设计，是技术可能性与市场选择相互作用之下广为接受的满意产品[8]。一个公司和一个行业的创新特征会因之而改变，其有加强或鼓励标准化的作用。

这一主导设计对于其他产品而言具有类似强制标准的影响，因此使得采用主导设计的厂商追求经济效益成为可能。主导设计可以借由一组与产品性能相关的核心设计概念、具体的部件以及由部件组合方式所定义的产品结构这三个维度共同来表征。它等同于被广泛接受的特定产品的产品结构，并且经由研究证明是许多产业演进过程中的重要特征。

进一步的研究指出，主导设计的概念可以在两个层面上进行考查。在产业层面上，对主导设计的研究集中于几种设计方案对主导地位的竞争。在这种情况下，主导设计通常表现为新技术对原有技术基础的一种挑战与替代。在产品层面上，主导设计的不确定性表现为一组主导的产品特性组合以及产品包含的功能随时间发生的变化。尤其值得注意的是，当产品是经由复杂的过程装配而成，以及产品包含有多个子系统时，子系统也常常处于所谓的技术动荡时期并进而对上层系统的设计产生影响。

由于主导设计对于产业结构可能构成的巨大影响，企业对于其自身提供的产品能否与未来的主导设计相一致需要进行战略上的考虑。然而，企业如何能够在第一时间察觉正在形成中的主导设计却仍是一个不甚明确的问题。主导设计的浮现过程被认为是处于由包括大量的难以识别和测度的要素共同作用的"黑箱"之中。企业通常认为创新的技术优越性是确立主导设计的一项重要要素，但是研究和实证并不支持这种观点，现实中常常有技术上更优越的设计在主导设计的竞争之中失利的事例出现。Lee 等学者 1995 年提出了一个框架以解释主导设计的形成过程，这一框架综合了前人的研究并特别强调了主导设计出现中的非技术因素[9]。

标准化（Standardization）是一个调和的过程，最终导致制造的产品是可互换和可兼容的，这些产品可以相互匹配进而构成一个系统。标准本身可以经由这一调和过程产生，或者经由此前的协议或由管制机构、政府或产业团体制定，以期今后可以开发兼容的系统。

Afuah 指出所谓标准可以区分为互换的标准（interchangeable standards）（类似于兼容性标准）和产品标准（product standards）[10]。然而，产品标准的概念没有规范的定义并且在很大程度上与主导设计的概念发生了冲突。兼容性标准则具有相对明确的内涵，包括：实体兼容，对象外形设计上的相互兼容，例如照相机和镜头；通信兼容，设备相互之间可以传递数据，例如电话、传真机、电脑网络；协议兼容，非实物概念的协同以共享相应的收益，例如标准时间、货币、度量衡。兼容性标准的 3 个主要的好处在于：互补产品的互换性、易于沟通和节约成本。

主导设计的概念无疑与标准的概念是有着广泛的联系的。主导设计的概念强调产业层面上的产品设计结构，因而具有较技术标准更广阔的范围，一个主导设计通常包含数个相应的技术标准。与此相对应，标准由于限定了部件或原料界面的规格或制式，因此同一个技术标准常常为数个相邻的产业所共同奉行。

1.2.3 本书的主要创新点

国内目前文献的理论分析、样本选取以及实证研究的结论来看，我国对产品主导设计与企业竞争力之间的关系尚缺乏全面、系统而深入的研究。本书在已有研究的基础上对产品主导设计与企业竞争力之间的关系进行探讨，主要创新点为：

（1）网络产业的网络效应要求企业达到临界规模才能生存，这个过程中消费者预期至关重要，主导设计的确立能够给消费者预期带来正面影响。主导设计的出现推动、加速了产业标准化进程，标准的确立一方面给供给方带来了规模效应，另一方面通过网络效应给消费者带来更多网络价值，两者相互作用进而会影响消费者预期。此外，主导设计的确立，降低了市场的多样性，厂商通过迅速达到临界规模消除消费者疑虑，进而影响消费者预期。

（2）主导设计的形成，意味着企业自身新的技术轨道形成，顺轨创新能够带来创新的持续性和集群性。基于主导设计的演进，通过推动和反向强化、拉动和正向强化、支持、衍生、示范和渗透这六大作用形式，带来了持续性创新效应。另外，主导设计的演进，会使企业沿着产业技术轨道创新，并形成自身的技术轨道，形成产品族创新，从而形成创新集群。同时这些主导设计标准往往表现为专利形式，在知识产权制度下，其他企业创新往往涉及侵权行为。再加上网络效应对消费者的锁定，以及间接网络外部性对互补品生产商的影响，使得这些主导企业搜刮了行业的大部分利润。消费者需求的变化、技术的跳跃性变化等引起了主导设计标准的升级。网络型企业通过各种研发形式，推动产业主导设计标准的演进，从而获得强大竞争力。

（3）标准化能力纳入网络型企业竞争力评价中。主导设计的确立意味着行业标准化现象的形成，标准化能力必须在企业竞争力中得以体现，标准化能力包含技术标准化能力以及产品标准化。标准化能力以及主导设计最终表现为企业的专利化能力。本书选取了专利数量、研发投入经费以及一些财务指标，通过对 30 家企业的数据进行实证分析，得出主导设计对网络型企业竞争力产生重要影响。主导设计使网络型企业经营出现了全新的理念，而其成功的关键就是要确定以主导设计、技术创新以及标准化为中心内容的企业竞争战略。

1.3 研究思路与框架

1.3.1 研究思路与方法

本书主要采用理论研究与实证研究相结合的方法，分四个阶段来进行研究：

(1) 文献综述

检索国内外最近5年有关主导设计、技术创新、战略管理的相关文献，对其研究方法、理论基础及其相关研究成果（模型、方法、观点）进行综述，提出具体研究目标和主要问题。

(2) 理论探讨

在相关理论的综述基础上，科学界定产品主导设计的概念、产品主导设计与消费者预期，以及产品主导设计带来的静态竞争优势。但是主导设计并非一成不变，在很多因素综合影响下会发生改变。主导设计的演进，能够让企业抓住行业技术轨道，从而给企业带来持续创新，以获得动态竞争优势。

(3) 系统设计

采用定量与定性方法相结合，运用模型推导的方式，构建网络型企业竞争力评价指标体系。包括网络型核心知识员工激励组合指标体系的构建，网络型核心知识员工激励组合效应指标体系的构建，以及网络型核心知识员工激励效应的测度指标体系的构建。

(4) 实证研究

选取2006年电子信息百强的企业作为本书研究网络型企业的代表，结合财务指标与非财务指标对样本进行总体描述。指标分别为总资产报酬率、净资产报酬率、流动比率、专利数量、研发投入占总收入的比率和营业收入。数据来源有三：中证网数据研究中心、企业主页披露的本企业财务报告以及国家专利局的专利查询。为了更科学地展示数据，综合运用了Excel和SPSS，分别进行描述性统计和因子分析、主成分提取，以期通过提取主成分找到对网络型企业竞争力影响较大的因子。

1.3.2 本书的总体框架

本研究首先基于对此前的企业竞争力理论、产业演进理论、技术转移理论、产品创新理论的梳理进行规范研究，从中寻求相关因素，探寻产业发展的一般规律、提炼理论观点，构建技术演进、产品创新背景下的企业竞争力构成的理论框架。在这些资料的基础上，将产业中的技术演进及产品创新量化并进行实证研究（图 1－1），探讨企业和技术发展轨迹之间的互动，以及企业竞争力的构成。通过对产品实现的功能分解，可以看出随着时间的推进，产品实现的功能逐渐复杂化，而不同功能的组合就是一种产品主导设计。

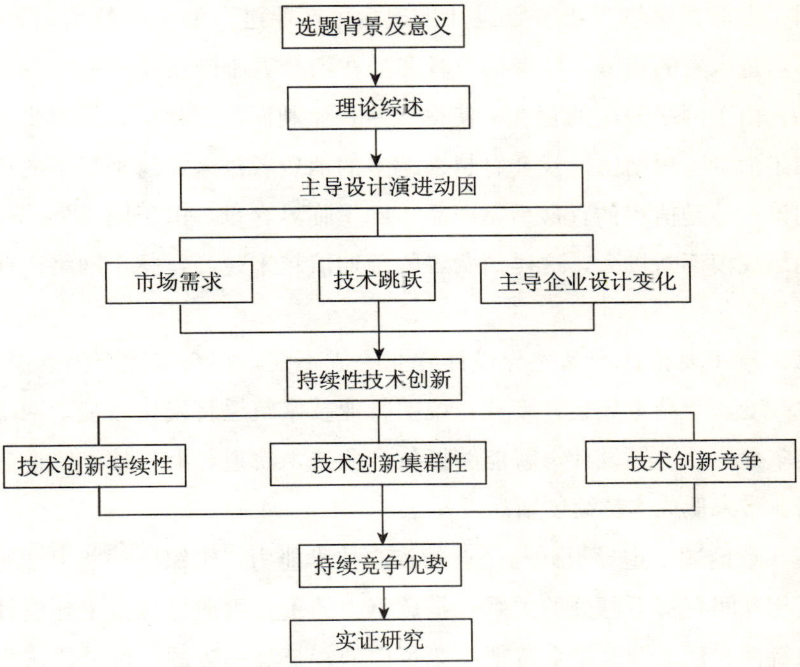

图 1－1 研究框架

本书的章节安排如下：

第 1 章首先阐述选题背景与意义；然后对研究的对象“网络产业”、“主导设计”进行了界定，并将主要的创新点进行了总结；最后则介绍了文章的研究思路和框架。

第 2 章首先从系统角度对战略管理关于竞争力的内涵及构成进行综述；其次再对产品主导设计、产品结构以及标准化这三者之间的关系进行综述；最后再对技术创新以及技术转移相关领域的文献进行综述。

第 3 章主要从主导设计与消费者预期两者之间的互动关系，来阐述产品主导设计对市场结构有重要影响，从而影响消费者预期。一方面，网络产业中，主导设计出现之后开始了“抖落”现象，即行业主导设计出现后，通常只有一小部分企业能够抓住行业主导设计，竞争实力和经济规模迅速提高。而许多企业不能及时实现产品设计、工艺、组织的应有变化，被市场淘汰出局。另一方面，网络产业主导设计出现后，行业进入壁垒陡然增高。由此，排除了新进入者的威胁，已有消费者和潜在消费者不断使用产业中现有企业的产品。由于网络效应的存在，使得这些企业利润得到保障，发展良好，从而增加了消费者预期值，就会有越来越多的消费者进入，越来越多的用户认为使用该产品是值得的。最后，产品达到了临界容量，由于网络外部性的存在，网络规模不断扩大，这样消费者的预期值越来越高，整个网络产业进入良性循环。

第 4 章主要论述产品主导设计并非一成不变，在众多综合因素影响下，会发生改变。产品主导设计变化，说明行业技术轨道将发生改变。网络型企业若能掌握产品主导设计，就能够抓住产业技术轨道，沿着技术轨道进行顺轨创新，带来低成本持续创新。

第 5 章论述了主导设计与企业的核心技术能力、组织协调能力和对外影响能力相互间有密不可分的关系，是竞争力的重要组成部分。主导设计价值性、独特性和延展性这三个特征与竞争力的特征是一致的，可以说主导设计的建立过程也就是竞争力培养和建立的过程。竞争力是企业获取持续竞争优势的基础，一旦企业捕捉到主导设计，就可以从需求、供给和产业竞争三个方面获得持续竞争优势。所以网络型企业必须围绕主导设计为核心，培育企业竞争力，采用基于主导设计的战略，才能最终获得持续竞争优势，在市场的激烈竞争中立于不败之地。

第 6 章首先对网络型产业的竞争力的内涵进行了界定，其次说明了评价指标体系设计的原则。在此基础上，本书从四个方面设置指标，对网络型企业的竞争力进行全面、系统地评价。通过主成份提取，发现代表创新能力的专利数量以及研发投入量是构成网络型产业竞争力的重要因素。

第 7 章从实证的角度来论证企业的竞争力主要来自于市场和创新。通过

第 6 章设置的评价指标体系，结合我国 30 家企业的数据，进行实证分析。

第 8 章从提高自身核心技术能力，建立自己的主导设计、核心知识员工激励组合机制、企业技术创新网络和推进企业之间的技术转移等五个方面为企业基于主导设计提升核心竞争力指明了途径。

2 相关理论与文献综述

本章对技术创新理论、市场进入壁垒及企业竞争战略理论进行了初步研究和总结，指出产品主导设计演进的动因、基于主导设计演进的持续性技术创新、持续性创新对网络企业竞争力的影响。对网络型企业竞争力指标体系的构建进行了研究。

2.1 技术创新理论

自奥地利经济学家约瑟夫·阿罗斯·熊彼特（Joseph A. Scohumpeter）在其1912年出版的《经济发展理论》一书中，首次提出创新基本概念和思想以来，世界各国的学者从不同的角度对创新与技术进步在经济发展中的作用展开了深入的理论研究和实证分析，创立了以创新为核心的经济发展理论以及创新经济学（Innovation Economic）理论体系，使技术进步和创新因素开始从外生变量过渡成为经济发展的内生变量。进入21世纪，科技发展和知识创新在人类经济生活、社会进步中的作用越来越重要，技术创新理论的研究与应用也成为了国内外学术界关注的焦点。

2.1.1 熊彼特的早期理论

主导设计的概念可以说明，主导设计与技术创新有着很强的联系。关于创新的讨论，可以上溯至20世纪30年代熊彼特提出的创造性破坏（creative destruction）的概念，强调企业家应致力于把握创新带来的不连续的机会。他指出，创新的结果是成本和质量上明显的优势，它给现有的企业带来的不是利润和产出层面上的打击，而是动摇了其存续的基础。熊彼特定义的产业发展包括五种情况：①采用一种新的产品——也就是消费者还不熟悉的产品——或一种产品的一种新的特性。②采用一种新的生产方法，也就是在有关的制造部门中尚未通过经验鉴定的方法，这种新的方法并不需要建立在科学上新发现的基础之上；并且，也可以存在于商业上处理一种产品的新的方式之中。③开辟一个新的市场，也就是有关国家的特定制造部门以前不曾进入的市场，不管这个市场以前是否存在过。④取得或控制原材料或半制成品的一种新的供应来源，也不问这种来源是已经存在的，还是第一次创造出来的。⑤实现任何一种新的工业组织，比如造成一种垄断地位（例如通过“托拉斯化”），或打破一种垄断地位[11]。

2.1.2 A-U 模型

Abernathy 和 Utterback（1978）基于实证研究，提出了工艺创新和产品创新的动态模型，简称 A-U 模型，为系统地讨论创新作了开创性的工作。这一理论的基础在于：创新过程和特定企业创新尝试的特点相互之间具有系统性的差异，这种差异与企业所处的环境和企业关于竞争和成长的战略差异以及企业和他的竞争对手所采用的处于不同发展阶段的工艺技术有关。他们指出，一个确定的产业常常局限于对现有产品和工艺的渐进性（incremental）改善。重要的产品创新常常来源于产业之外并被认为是具有破坏性的，其典型来源为：初创的小公司肇始，其他产业领先企业的入侵，或者政府通过初始购买或直接管制的方式对变革的鼓励[12]。

A-U 模型指出，产业的创新过程经历流动（fluid）、过渡（transitional）和确定（specific）三个阶段。在流动期厂商竞争的重点在于产品的性能，此时产品设计多种多样，有时甚至有客户的设计夹杂其中，这期间以产品创新为主。这一阶段各个厂商选择产品设计的主要依据来源于对顾客需求的认知，同时厂商的选择也与其各自不同的偏好有关。由于这一时期产品的多样性和客户对新产品的性能需求的不确定性，因此规模小适应性强且同时具有技术柔性和与外界沟通良好的组织在这一时期更具竞争优势。过渡期的重要标志是主导设计（dominant design）的出现，此时至少有一种产品设计被广泛接受并且有相当高的产量，这一时期常伴随着由大规模生产的需要所引致的重要的工艺创新。本阶段，创新的特点、生产工艺、生产规模和生产方式的变化以一种协调一致的方式同时发生。伴随着工艺创新，生产率高速增长，产品成本急剧下降。确定期厂商竞争的重点转移到降低成本和提高质量上，此时的创新形式主要为渐进性创新，目的在于持续地改善生产效率和质量。

需要特别注意的是这三个创新阶段是连续发生的，因此各阶段之间并不具备明显的界限。在主导设计出现之前，产业中以产品创新为主，此时众多厂商以不同的产品设计展开竞争，经由混乱的市场选择过程逐渐浮现出一种广为接受的主导设计。当企业转向大规模生产，创新的目标从原先欠明了的、不确定的转变为一组很好的组合而成的设计目的。在产品持续的专门化趋势导致应用型技术创新的成本令人望而却步之前，当成本的竞争尚未侵蚀那些需要用以支付大量直接费用的利润之前，在工艺创新曲线的某一点上研究和改善的努力的收益将取得其最大值。随后产业也逐渐步入产品创新和技术创新都相对减少的确定期。

2.1.3 技术不连续

Anderson 和 Tushman（1986）研究了小型计算机、水泥和航空业从创始至 20 世纪 80 年代的数据，证实了技术演进的模式是渐进式的改进、不时被或增强或削弱产业内企业竞争力的技术突破（technological break-through）所打断。作者将技术不连续区分为削弱竞争力的和提升竞争力的两种不同的类型：削弱竞争力的技术不连续致使现有的专业技术知识过时；提升竞争力的技术不连续建立在现有技术体系内技术诀窍的改进上。研究表明削弱竞争力的技术不连续常由新企业肇始并伴随着环境不确定性的增大；提升竞争力的技术不连续常肇始于现有企业并减弱环境的不确定性。那些重要技术革新的始作俑者通常获得较其他企业更迅速的增长[13]。

Anderson 和 Tushman（1990）提出了技术循环模型。在这个模型以主导设计的出现作为重要的分界。在主导设计出现之前，产业处于一个动荡的时期（era of ferment）此时企业围绕设计和对原产品或技术的替代展开竞争。这一时期也被一些学者称为技术变异期（period of technical variation），其间围绕产品的设计有时会出现技术上不同的解决方案，那些未被后来的主导设计采用的技术方案难免面临淘汰或转作他用，常常在竞争中使创新的厂商陷于被动的境地。较早的例子包括 Sony 的 Beta 录像带技术，后来 Sony 不甘失败将此技术应用于微型摄像机；最近的例子是下一代 DVD 技术标准的竞争以及下一代移动通信技术标准的竞争[14]。

主导设计出现后，产业进入渐进性改进时期（era of incremental change）。这一阶段，厂商着手苦心经营这一主导设计直至下一次的技术不连续出现。这一时期伴随着产业中厂商之间的价格竞争，企业开始强调能使产品规模化生产同时又能降低成本的工艺创新。

2.1.4 破坏性创新

Christensen（1997）对美国硬盘产业的发展进行的研究表明，电子产业中，在一些关键时间点上，产品和工艺技术的性能参数发生了根本性的变化。他的研究验证了 Utterback 等较早的研究者的结论：当某个特定产业中发生根本变革的时候，产业中原有的企业如果无法很好的适应这种变革，这时竞争优势就逐渐向产业的新进入者转移[15]。

Christensen 指出，产业内大多数的组织都不能对新产品出现的信号做出正确的反应，现有企业获得市场和技术信号通常都是在已有的主题下进行，因而企业很难发现新事物的关联性和它们所带来的挑战[15]。他的研究发现，新的产品或技术刚刚出现时往往在性能上较现有产品更差，然而这些新产品的性能提升轨迹的斜率却远远大于现有产品性能提升轨迹的斜率。这导致现有产品的性能在未来的某一时点上必然为新产品所超越。这一新产品或新技术的不断产生和发展的现象，被 Christensen 称为破坏性创新（disruptive innovation）。他强调企业在不断发展的产业中保持竞争优势的要诀：当出现破坏性的技术时，能正确有效地做出反应。

Christensen 的研究强调新产品或新技术一开始往往以较差的性能出现引致了一些学者的批评。Utterback 和 Acee 扩展了这一模型，指出存在新产品以高性能和高成本出现并首先满足高端客户的需求进而逐步转向大众市场的模式。

2.1.5 技术演化观

Adner 和 Levinthal（2002）针对此前关于产业演进的研究多集中于技术革新的供方，即企业的技术能力，提出了基于需求的技术演化观，强调对技术发展和最终评价这些技术的需求环境之间的互动进行研究[16]。他们定义功能性阈值（functionality threshold）为最小客观性能，净效用阈值（net utility threshold）是顾客为特定产品所愿支付的最高价格，指出顾客对新产品或新技术的采用是一个不连续的决策，新产品或新技术必须跨越功能性阈值（functionality threshold）和净效用阀值（net utility threshold）才有可能被顾客考虑。功能性阈值由固有的任务需要以及技术或产品的发展背景共同决定，同时受到下游客户需求和政府管制的影响。净效用阈值由产品的性能和价格共同决定。具有同样功能性阈值的顾客可能具有不同的净效益阈值，这不仅取决于顾客的预算，尤其是在讨论企业顾客时，出于各种原因顾客从同一产品中获得的价值可能是存在差异的。这种差异可能的来源有：由于自身资源和能力的限制，顾客应用这一产品的能力不同；顾客应用此种新产品的范围不同；顾客获得替代产品的能力不同。作者同时还指出，对顾客而言，产品性能提升的边际效用是递减的。他们的研究表明：在成熟市场上，通常是具有高（低）功能性需求的客户购买较高（低）价格的产品。然而在新兴的市场中，是那些具有较高的支付意愿和较低的功能性需求的顾客在创新的采用和发展的过程中扮演着重要的角色。在这种情况下，确认这些愿意为较低的性能支付较高价格的顾客成为了企业能够继续其开发活动的关键。

他们将技术创新区分为对世界而言全新的技术并且存在竞争、对市场而言全新的技术并且存在竞争和对世界而言全新的技术且不存在竞争三种情况，同时考虑了创新不同阶段顾客需求的变化，考察了各种情况下随着时间的推移产品的性能和价格的变动情况。进而将产品开发活动区分为属性均衡（attribute equalization）、市场扩张（market expansion）、需求成熟（demand maturity）三个阶段。在属性均衡阶段，开发活动着重于在考虑市场需求的情况下在产品价格和性能之间寻求一种平衡。在市场扩张阶段，开发活动通过降低价格服务于市场渗透，此时以工艺创新为主导。在需求成熟阶段，创新活动表现为产品和工艺创新的平衡，以期通过不断提升性能来保持价格的稳定。

与此前传统的产品生命周期理论认为产品成熟期创新活动将逐渐减少不同，Adner 和 Levinthal 认为有实例证明存在这种可能性：在产品成熟期厂商仍保持高水平的创新活动以维持产品的价格稳定。

2.2 市场进入壁垒

传统经济学推崇完全的市场自由竞争标准模式——把企业自由进入和退出行业设想为一种理想境界，但事实并非如此，现实经济是典型的非完全竞争的，企业进入和退出市场存在各种障碍。所谓“进入”是指某产业内出现新的企业。新企业要想进入某一产业，就必须与现有企业进行竞争，在同现有企业的竞争中，新企业会遇到种种不利的因素，这些不利因素会阻止新企业的进入。这些阻止新企业进入的因素称为进入壁垒。进入壁垒的概念首先由贝恩所提出，其定义为“一个产业中原有企业相对于潜在进入企业的优势。这些优势体现在在位企业可以持续地使价格高于竞争水平之上，但又不会吸引新的企业加入该产业”。进入壁垒问题的研究已经从许多角度展开。

2.2.1 根源性市场进入壁垒

市场进入壁垒的概念最先是由 Bain（1956）提出的，在他的开创性研究中，进入壁垒被定义为“和潜在的进入者相比，现有厂商所享有的有利条件，这些条件是通过现有厂商可持久地维持高于竞争水平的价格而没有导致新厂商的进入反映出来的”[17]。

Stigler（1968）提出的定义侧重于原存企业与潜在的新进入企业之间在需求和成本条件方面的不均等性。他认为：“进入壁垒是一种生产成本（在某些或某个产出水平上），这种成本是打算进入一产业的新厂商而非已在该产业内的厂商所必须承担的一种生产成本”[18]。

Demsetz（1982）的定义则关注进入壁垒与政府的行为、势力之间的关系。他认为任何导致生产成本增加的政府限制性行为都会产生进入壁垒[19]。

Clarkson，K. W. 和 Miller R . L. （1989）把进入壁垒定义为必须由一个寻求进入某个行业的厂商而不是由已在该行业内的厂商负担的（在一些或每个产量水平上）生产成本。进入壁垒与垄断力量相联系。要使垄断力量在长期内持续存在，就必定需要找到某些排斥别人进入市场的办法[20]。

Canton，D. W. 和 Perloff，J. M. （1998）指出，从语义上讲，进入壁垒就是能阻止企业家在市场中一下子建立一个新企业的任何事物。“进入壁垒”这个术语经常既指进入的成本又指进入所需的时间。由于只有当一家厂商拥有了超过潜在竞争者的优势的时候，长期利润才得以持续，对长期进入壁垒的合乎逻辑的定义就是一个新竞争者必须发生而那些原存厂商却不必承担的成本[21]。

以上可以看出各学者都认为进入壁垒是欲进入某产业的“潜在企业”或新企业必须承担的（额外）成本或劣势程度。但本书认为如果从“潜在企业”或新企业进入产业（市场）的角度讲，进入壁垒就是指“潜在企业”或新企业在和原存企业竞争过程中所遇到的不利性障碍（劣势）因素；倘若从原存企业的视角看，则是指市场内原存企业对欲进入该市场的“潜在企业”或新企业所拥有的优势。因此，进入壁垒的大小既反映了“潜在企业”或新企业所面临的劣势程度（承担额外成本），也反映了市场内的原存企业优势的大小[22]。

追溯产业组织理论对市场进入壁垒的分析，可以发现不同学派对进入壁垒的根源性分析大致可归纳为三类：一是以 Bain（1956）为代表的结构主义学派所归结的在位优势；二是以 Stigler（1968）、Demsetz（1980）、Vonweizsacker（1980）等为代表的效率学派的政府管制；三是以 Baumol、Panzar、Willig（1982）为代表的“可竞争市场理论”的沉淀成本[23][24]。

首先，对于在位优势壁垒，其真正对竞争对手或后进入者构成威胁的是所谓“序贯进入”中的先动优势，或称占先优势，主要包括在位厂商相对后进入厂商在稀缺资源、消费者认知、市场容量和信息方面的抢先优势，但这种先动优势并不保证在位厂商在创新和采用新技术方面也能“先动”。而且，由于在位厂商面对“毁灭式创新”表现出倦怠时，其创新完全可能摧毁在位优势，从而改变在位者与进入者在市场竞争中的角色。

其次，对于政府管制壁垒，实际上，一方面随着经济体制改革、市场化程度不断深化，再加上技术进步不断创造了客观竞争的技术基础，政府会对造成资源配置扭曲的“壁垒”不断放松管制，实现有效竞争；另一方面，政府基于保护和激励创新的专利系统，是从法律上对市场良性竞争的引导和规范。专利权带来的市场势力增强，是技术路径依赖的自我强化机制，政府法律（专利法）从一定程度上来说只是加强了这一机制，因而它还是属于外生变量，不是进入壁垒内生决定因素。

最后，沉淀成本从本质上来看，作为对进入者的进入壁垒作用，它取决于给进入者带来的风险程度；作为对在位者的庇护机制，在于资产专用性所导致的不可逆性的投资对未来收益预期的不确定性。毫无疑问，在位者与进入者均需对沉淀成本的风险与收益进行权衡，因而沉淀成本也并非足以威慑追求高风险收益“冒险者”的进入，更何况技术的提高和创新还可以改变沉淀成本的大小，进而改变进入壁垒阈值。

以上分析说明，在位优势、政府管制、沉淀成本在一定程度上说只是构筑进入壁垒的必要条件，或者说只是在一定程度上进一步强化了已有的最基本的进入壁垒。本书认为，最基本的进入壁垒产生于市场自身，应该是动态的和具有延伸性的，是阻止进入者进入而内生的决定性变量，更是技术与市场共同作用均衡的结果。因为技术变革是进入壁垒强有力的决定性因素，而市场是一切经济活动的最终裁判。尤其在当今经济全球化环境下，在一些全球性国际产业中，市场经济活动几乎完全由少数几家大型跨国公司支配，进入壁垒的分析不应该囿于传统产业组织理论一国内部的研究（侧重于一国内部的产业经济研究是传统产业经济学隐含的一个基本假设），应摆脱传统产业组织理论市场进入壁垒分析中以在位厂商为研究视角的束缚，因为在这种传统产业组织理论分析框架下，技术与市场需求均处于稳定的产业成熟期，毫无疑问会在一定程度上扭曲和夸大了进入壁垒和进入壁垒阈值，不利于指导后进网络型企业和后起国实现赶超的网络型企业战略和产业政策的制定。为此，本书遵循产业自身发展的技术性特征，以新技术导入产业市场时着手分析，认为主导设计正是技术与市场共同作用的市场进入壁垒，是当今经济全球一体化进程中市场进入壁垒理论新范式，也是现代网络型企业根源性的市场进入壁垒。

2.2.2 派生性市场进入壁垒

根据产业组织理论界经济学家们达成的一个共识，进入壁垒是影响市场份额和集中度的决定因素。在阿特拜克对手工打字机、汽车、电子计算器、集成电路、电视和电视显像管等 7 个行业的实证研究中发现，由于主导设计的出现，行业中公司总数稳定集中在少数几家大公司上，市场份额高度集中，主导设计正是根源性的进入壁垒[25]。

基于主导设计的自身特征，派生了一系列市场进入壁垒，这些派生进入壁垒正是主导设计壁垒机制的表现形式。

（1）技术壁垒。技术壁垒是由主导设计的技术占先性特征决定的。较早进入新型行业的厂商，较其他厂商在技术开发方面领先一步，自然掌握产品核心技术的概率大大高于跟随者及后进入者，特别是有些具有较强暗默性的核心技术，其反求解密十分困难，甚至几乎不可能。可口可乐的配方就是典型的例子。不仅如此，随着新技术开发周期和新技术出现的时间间隔越来越短，以及新技术本身的更新换代步伐日益加快，试图模仿和引进技术的后进入者由于存在着一个掌握技术的时滞和反求解的不完全性，即使现有技术被赶上，较早进入行业的率先创新者可能早已开始下一代技术的开发与创新，并且在主导设计的技术路径依赖下，技术轨道的前进方向具有不可逆转性，实现技术轨道之间的跨越也十分困难，自然就会在较早进入技术系统的在位厂商与后进入厂商之间形成一道高高的技术壁垒。除此之外，技术壁垒最终通过产品差别化壁垒和资金壁垒体现出来，从而派生出产品差别化壁垒和必要资本金壁垒[26]；率先创新的厂商对那些较容易被破译的技术申请专利，获得法律支撑与保护，通过法律手段强化技术壁垒，而且商标、专利、知识产权也会进一步加强产品差别化（加强产品差别化壁垒）；专利又是形成绝对成本优势的一个原因，因为专利限制了新进入网络型企业取得最新技术的机会。这不难解释中国网络型企业常常抱怨："每前进一步，就有可能踩到国外大公司的专利地雷[27]。"

（2）工业技术标准壁垒。一般而言，工业技术标准的形成大致有两种模式：一是政府技术标准部门制定的或一些国际性标准组织形成的"法定标准"模式；二是网络型企业之间竞争性技术的自我选择与围绕关键核心技术巨型网络型企业联盟或合作共同确定的"事实标准"模式。主导设计派生工业技术标准壁垒是由主导设计形成本身所决定的，如前所述，主导设计有加强或促进标准的作用。例如录相机标准的形成过程，JVC公司的VHS系统战胜索尼公司的Betamax系统的案例说明，工业技术标准是主导设计衍生的潜在的和未来的市场进入壁垒，在网络效应市场正反馈作用下，这种潜在的进入壁垒会很快成为现实的进入壁垒，游离于主导设计之外的公司只能被迫遵从，被动跟随，甚至被淘汰出局。

（3）临界（网络）规模壁垒。临界规模是使规模效应和网络效应发挥作用的临界点的规模，是一切以规模为基础发挥壁垒作用的均衡点。在这个均衡点，如果厂商的边际成本 C 等于或小于临界规模成本 C_0 时，便产生规模效应和市场偏向正反馈作用的网络效应，具体表现为市场份额的扩张和用户基数的膨胀；如果厂商的边际成本 C 大于 C_0 时，没有消费者和用户愿意购买和使用它的产品，厂商被市场淘汰。不可否认，临界（网络）规模是制造厂商、系统产品的有关生产商、消费者与用户共同作用和选择过程中市场均衡的结果，主导设计派生出的临界（网络）规模壁垒是由它的主导性决定的。主导设计是赢得市场信赖的设计，是广为接受的满意产品，意味着之所以成为“主导”，本身产品就是拥有一定的市场份额和用户基数作支撑，突破了临界规模壁垒，在市场控制中占主导地位。在现代市场竞争中，谁首先突破临界规模，谁就会迅速占领市场，从而赢得市场，主导市场运作方向，自然会给后进入者竖起一道坚固的壁垒。对于任何网络型企业而言，在网络效应明显的市场上，只有达到一定的用户基数，才能使市场自发驱使正反馈效应发生作用，在市场上取得一定份额，成功地实现进入[28]。

2.3 企业竞争战略理论

竞争战略，又称经营战略或商业战略，其中心内容是寻找在某一特定产业或市场中建立竞争优势。而所谓的竞争优势，是指企业具有某种其竞争对手没有或相对缺乏的特殊能力，具有竞争优势的企业能更有效、更经济、更快捷地为顾客提供所需的产品和服务。国际前沿理论研究表明，企业组织特别是大公司、大集团的竞争优势，是构成一个国家或地区经济发展的微观基础。为了赢得国际竞争优势，西方经济学界和管理学界一直将企业竞争战略理论置于学术研究的前沿地位，从而大大推动了企业竞争战略理论的发展与创新。我国企业竞争力理论的研究是在20世纪80年代末，围绕商品经济条件下企业的自主经营、自负盈亏、自我发展、自我约束展开的，此后，随着中国市场的进一步开放，中国企业面临更为激烈与多变的市场竞争环境，驱使理论研究注重于企业如何适应市场变化的企业活力研究。可见企业竞争战略的研究一直与我国经济体制改革的实践要求、与市场经济的发展变化密切相关[29]。

2.3.1 外生竞争战略理论

经典战略理论缺陷之一是忽视了对企业竞争环境进行分析与选择。在一定程度上弥补这一缺陷的是波特[30]。他将产业组织理论中“结构”这一分析范式引入企业战略管理研究之中，提出了以产业（市场）结构分析为基础的竞争战略。该理论的分析是建立竞争战略的基础，“理解产业结构永远是战略分析的起点”，产业结构强烈地影响着竞争规律的确定及与之相适应的企业战略的形成。

竞争战略必须从对决定产业吸引力的竞争规律的深刻理解中产生，竞争战略的最终目的是运用这些规律。在任何产业中，竞争规律都寓于如下五种竞争力量之中：产业内现有企业间的竞争、潜在竞争对手、替代品的威胁、卖方的砍价能力及买方的砍价能力。从根本上，波特的竞争战略所追求的竞争优势是外在于企业的，是由外部市场中的竞争关系、市场机会所决定的。

2.3.2 内生竞争优势理论

20 世纪 80 年代以来，研究学者将探索企业竞争优势的着眼点转移到了企业的层面上，并深入企业内部寻找竞争优势特殊源泉。经历了基于资源的竞争优势、基于能力的竞争优势及基于知识的竞争优势三个研究阶段。

（1）基于资源与能力的竞争优势

资源与能力学派的起源可以追溯到马歇尔所提倡的企业内部成长观点和他所提出的企业知识基础理论。他认为由于专业化分工导致企业内部出现新的协调问题，因而技能、知识和协调不断增加产生新的内部专门职能，企业内部会发生伴随生产进程的公开知识积累，从而推动企业不断进化。同时每个行业是由一系列异质企业所组成的，单个企业的成长、衰退是经常性的，但一个行业则可以经受长期的波动，平稳地向前发展[31]。

Chamberlin 和 Robinson 重点研究了企业的异质性（heterogeneity），他认为特有的资产或能力是使企业处于不完全竞争状态，并获取经济租金的重要因素。钱柏林列举了企业的几种关键资源，如技术能力、品牌知名度、美誉度、管理者独立工作能力、与他人合作能力、商标和专利等，被广为引用[32]。

后马歇尔主义者佩罗丝提出企业内在成长理论，极大地发展了马歇尔“内部经济”的思想。她认为被新古典企业理论视作“黑箱”的企业资源和能力是构成企业经济效益的稳固基础。企业是一个生产性资源的集合体，企业内部存在着通过知识积累以拓展生产领域的机制，而且这种知识积累是一种内部化的结果，节约了企业稀缺的决策能力资源，新的管理者才能释放出解决新问题、促进企业成长的能量[33]。

理查德森把注意力集中于马歇尔的“外部”问题，提出企业间协调的知识基础理论，补充了科斯和威廉姆森关于市场与企业相互替代的交易费用理论，同时又发展了企业内在成长理论。他认为企业的合作和关系成为一种非常重要的产业组织方式，是因为企业的内部组织从根本上说是协调“互补性活动”的结果。合作性协调的基本内涵是协调企业各方面的能力。组织间协调是界于市场与企业之间的第三种协调机制，协调需要的专门能力是通过逐渐学习积累的[34]。

“企业内在成长理论”在 20 世纪 80 年代获得了长足发展，在战略管理领域及企业理论界、产业经济学界得到了广泛的应用，并成为企业竞争力理论的一个重要基础。

1984 年，随着 Wernerfelt 在美国《战略管理杂志》上发表“企业资源学说（*A resource-based view of the firm*）”一文，企业能力理论分化为两个相对独立又互为补充的流派，这两个流派都是建立在企业内在成长理论的基础上，并为企业内在成长论的深入发展作出了突出的贡献。其中一派是资源基础理论，它以沃纳菲尔特及其发表的企业资源学说为起始标志；另一派则延续能力理论对于企业能力的关注，提出了核心能力和动态能力学说，称之为能力学派[35]。

资源是指企业所拥有的各种要素，包括有形资源如设备、厂房、人员、土地和资金等及无形资源如商标、公司形象和文化等。在资源的差异能够产生收益差异的假定下，企业资源基础观认为企业之所以赢利，是因为企业内部有形资源、无形资源以及积累的知识在企业间存在差异，资源优势会产生企业竞争优势，企业具有的有价值性、稀缺性、知识性和不可复制性以及以低于价值的价格获取的资源，可以产生成本低或差异化高的产品，是企业获得持续竞争优势以及成功的关键因素，企业竞争力就是这些特殊的资源。因此，企业的竞争优势来源于企业的内部，依赖于企业的异质性的、稀缺的、非常难于模仿的和高效的专有资源；企业有不断产生这种资源的内在动力，可保持企业竞争优势的不断形成和这些专有优势资源的不断使用。

Collis D. J. （1995）、Buraj Patrakosol 等提出，企业资源观是建立在波特的竞争策略与核心能力竞争两种策略方法基础上的。企业是实体资产、无形资产及能力三大素质的组合，企业的资产与能力决定企业的效率与成效，拥有最佳且最适当资源的企业比竞争对手表现得更佳或成本更低，从而成功。企业中长期发展和竞争优势依赖于企业自身构建、培育和拥有的特殊资源和能力，企业竞争策略的研究重点就是一家企业的资源如何在动态的竞争环境中左右企业的表现。有竞争价值的企业资源（有形、无形、能力）与基本市场力量的动态相互作用（表现为稀有性、专用性、需求性），决定某一资源或能力的价值[36,37]。

尽管同属于资源学派，但他们对于资源所包含内容的不同理解，又形成了不同的资源观。Prahalad（1990）等人认为竞争资源是“组织中的积累性学识、特别是关于如何协调不同的生产技能和有机结合多种技术流派的学识”，因而他们认为协调与有机结合的学识是主要资源，能力与知识似乎没有太大区别，都被视为一般资源[38]；Barney（1991）也认为能力与资源是同一回事，企业的资源还包括人力资本以及组织资本的正式与非正式资源。另外，还有一种资源观是将社会资本纳入其中，他们认为，社会资本能够为企业提供收益[39]。

（2）基于企业知识的竞争优势（Knowledge-based）

Lado 研究基于能力的战略优势时，提出一种集成管理能力、企业资源能力、输出导向的能力及转换导向的能力模型，揭示了决定企业能力的知识因素，即企业知识的默会性、知识因果关系的模糊性、企业文化及企业知识的组织等[40]。

当然，除了上述几种有代表性的竞争理论以外，还存在着其他与竞争优势有关的战略理论。例如，战略管理中的进化学派，它强调自然选择的竞争过程、市场的有效性和企业预测并对环境变化做出反应的能力的有限性，否定持久竞争优势的存在，认为企业与环境的适合性主要是机会与幸运的结果，竞争对手会迅速模仿和侵蚀早期的收益。因此，企业应该强调与当前环境的暂时适应和基于效率、成本和短期差异化的临时优势。

2.3.3 核心竞争力

(1) 构成要素

核心竞争力(Core Competence),是伴随知识经济而产生的一个新的概念。核心竞争力理论由于起步研究相对比较晚,因此还很不完善。关于核心竞争力的本质、内涵还处于争论与探索之中,核心竞争力理论的研究还比较片面,目前大部分学者都集中在了核心竞争力的内涵界定、核心竞争力的特征及构成要素等内容上,对于核心竞争力的内涵,近十几年来,国内外不少学者试图进一步清晰、明确地去界定。

普拉哈拉德与哈默尔在“企业核心竞争力”一文中,将核心竞争力定义为:“企业开发独特产品、发展独特技术和发明独特营销手段的能力;是组织积累性的学识,特别是关于如何协调不同的生产技能和有机结合各种技术流的学识”[41]。哈默尔认为,核心竞争力是这样一种思想:即一个企业即使没有整体竞争优势,它也可以通过少数几项关键技术或少数几个知识领域成为最好的而获得成功[42]。George Stalk 在“计划评论”一文中,将核心竞争力定义为:能为扩大生产线提供测度标准的个人技术和生产技能的结合[43]。Verna Allee 在“知识进化”一书中则定义为:竞争能力就是快速地向市场提供新产品或增强竞争力而调整知识,并指出,核心竞争力是使公司持续开发新产品和开拓市场的特性。而著名的麦肯锡管理顾问公司在总结了长期实践经验后,认为核心竞争力是指某一组织内部一系列互补的技能和知识的结合,它具有使组织的一项或多项业务达到竞争领域一流水平,具有明显优势的能力[44]。Kevin C. Desouza、Yukika Awazu 及 Arkalgud Ramaprasad 等认为核心竞争力是基于产品族与产品平台,包括用户需求理解能力、产品技术能力、分销渠道能力、制造能力,强调市场的作用,通过产品平台连接市场[45]。Henderson (1994) 等认为核心竞争力应关注于元件能力与构架能力,认为元件能力是局部能力与知识,是日常解决问题的基础,构架能力是运用这些元件能力的能力,以新的灵活方式把它们整合起来,可分解性和可操作性强,但层次性和动态性不够[46]。Sanchez（1996）等人认为，核心竞争力是各种资产与技能的协调配置，包括卓越资产、认知能力、程序与常规、组织结构、行为与文化的协调配置，强调协调的重要性，但过多的强调组织结构、企业文化的作用[47]。Coombs（1996）认为，核心竞争力是各种能力的组合，包括技术、管理、学习的组合、技术能力与组织能力的组合、洞察力与执行力的组合、技能与知识的组合[48]。Patel（1997）等认为核心竞争力就是企业分配资源较多，相对优势明显的技术，将核心竞争力等同于技术能力[49]。Klein（1998）认为，核心竞争力是各种技能的相互关系所构成的网络[50]。Leonard-Barton（2000）认为，核心竞争力是企业特有的、不易外泄的企业专有知识和信息，包括知识与技能、技术系统、管理系统、价值与规范，强调能力的知识特性，有助于学习型组织的建设[51]。麦肯锡管理咨询公司认为，核心能力是某一组织内部一系列技能和知识的结合，它具有使一项或多项业务达到世界一流水平的能力。

以上这些国外学者的理论可归纳成表 2－1。

表 2－1　　企业核心竞争力主要理论观点及其成果

观　点	代表人物	关注焦点	表示方法/维度	优　点	缺　点
整合观	C. K，Prahalad G. Hamel（1990） Kesler，Klostad Clark（1993）	技术和技术创新，强调不同技能与技术流整合	文字描述，是组织的标志，例如 Sony 的微缩化能力	强调能力整合，便于组织内外良好交流与沟通	分解性差，层次性不强
知识载体观	Dorothy Leonard-Barton	知识载体	用各种知识载体来指示：员工、技术系统、价值与规范	强调能力知识特性，可以明确能力载体，具有一定可操作性，可深入项目与企业研究	更多强调能力的知识存量特性，对能力的动态性重视不够

续表

观点	代表人物	关注焦点	表示方法/维度	优点	缺点
协调观	Sanchez, Heene Thomas Durand	组织和系统，强调各种资产与技能协调配置	卓越资产、认知能力、程序与常规、组织机构、行为与文化	强调协调配置，因此能力五要素中有三个要素与协调配置有关	层次性不强，过多强调组织、文化方面因素
网络观	Klein, Geejones	技能网络	各种技能即根据及相互关系所构成的网络	分解性强，直接深入技能层，直观	重点不突出,对组织文化考虑不够
组合观	Prahalad Coombs Corn	各种能力的组合	技术、管理过程、群体学习的组合;洞察力、预见力的组合	强调能力的组合，分析清晰，具有一定的可操作性	层次性不强
元件构架观	Henderson Cockburn	能力构成	元件能力与构件能力	可分解性强和可操作性，具有系统观	层次性与动态性不够
平台观	Meyerand Utterback Meyer Lehnerd	对产品平台的作用	用户洞察力、产品技术能力、制造工艺能力、组织能力	通过产品连接市场，强调市场	不全面，对组织文化因素考虑少
技术能力观	Patel Pavitt	用专利知识的相对技术能力	专利份额与显在技术优势	以专利定量描述	用专利作指标有局限，没有考虑组织文化因素

资料来源：赵金胜．港口企业核心竞争力评价指标体系构建及评估研究交通运输规划与管理［D］．大连：大连海事大学，2005.

在国内，不同学者对“核心竞争力”这一概念的理解，差异也很大。公司不仅仅是业务的组合，也是能力的集合，而核心竞争力是企业组织中知识的集合，特别是那些有关协调各种不同产品，将不同的技术集成起来的知识的集[52]。核心竞争力必须是竞争对手难以模仿的，必须是能广泛应用于其他领域的，必须是有益于最终产品的顾客利益的。李悠诚认为，企业核心竞争力是一种企业以独特方式运用和配置的特殊资源，包括企业内部有形的和无形的资源，具有有价值性、稀缺性、不可复制性的资源是企业获得持续竞争优势的关键因素[53]。丁开盛等认为，核心竞争力是企业一系列能力的综合，包括战略管理能力、核心制造能力、核心技术能力、核心营销能力。资源是能力发挥的基础，能力的差异是企业持续竞争优势的源泉[54]。管益忻认为，核心竞争力是以企业核心价值观为主导的，旨在为顾客提供更大、更多、更好的消费者剩余的企业核心能力的体系[55]。程祀国等认为，企业体制与制度才是最基础的核心竞争力，它保证企业具有永久的活力、决策的科学性、企业发展方问的正确性，其他竞争力只是在此平台上的延伸[56]。陈清泰等认为，核心竞争力是指一个企业的创新能力，能够不断创造新产品和提供新服务以适应市场的能力，不断创新管理的能力，不断创新营销手段的能力，创新是核心竞争力的灵魂[57]。

(2) 核心竞争力的特征

国内外学者关于核心竞争力特性的认识也是围绕着核心竞争力的内涵展开的，只是不同的学者所理解的核心竞争力特性的数量、内容及叫法有所区别而已，但本质上都是 Prahalad 和 Hamel 的《公司核心竞争力》一文中观点的延伸[41]。关于核心竞争力的特性研究综述如下：难模仿性，有的学者也称为技术独特性、资产专用性，有的学者延伸为异质性、不可交易性；价值性，有的学者也称为增值性、实现顾客价值性，有的学者延伸为消费者剩余论等；动态性，又称为价值可变性，或称为层次性，也有学者延伸为非均衡性；整合性，有的学者延伸为融合性、组合性、协调性、相互关联性等；延展性，又称为延伸性、前瞻性、学习积累性，有的学者延伸为途径依赖性等。张维迎对核心竞争力的特性进行了很好的总结，认为企业的生死存亡取决于其是否具有核心竞争力，即是否具有独特的资源和能力，这种独特的具体体现就是企业所拥有的资源和能力具有偷不去（指别人难模仿，如企业的品牌、文化等具有自主知识产权的资源和能力）、买不来（指不可能从市场获得）、拆不开（指企业的资源和能力有互补性、系统性）、带不走（指资源和能力的组织性和核心竞争力各要素之间具有的综合运行合力）、溜不掉（指企业可持续发展的持久竞争力）等特性。

较多的研究者认为企业核心竞争力应该有价值性、异质性和延展性三个特征。此外，也有人认为，核心竞争力还有资源集中性、动态性和非均衡性等特性[58]。国内外学者对核心竞争力特性的认识有许多相同之处，本书将其归纳为8个特性，即价值性、异质性、领先性、整体性、延展性、路径依赖性、动态性、风险性。

①价值性。核心竞争力必须有助于实现用户所看重的价值，它给消费者带来好处应是关键的，对企业赢得和保持竞争优势具有特殊的贡献。其价值性主要通过市场检验来实现，它能为顾客带来长期的关键性的利益，提供超过其他企业的更多的使用价值。另外，除体现在用户所看重的核心价值以外，价值性还包括价值保值、价值升值、价值创新等。因此，消费者是决定一种能力是否为核心竞争力的最终裁判，企业符合市场需求程度越高，核心竞争力价值越大，企业的竞争优势越显著。

②异质性。企业不同，核心能力不同，核心能力是特定企业的特定组织结构、特定企业文化、特定企业员工群体综合作用的产物，是在企业长期经营管理实践中逐渐形成的，是企业个性化的产物。因此竞争对手在短期内也很难超越。不同研究者对“异质性”有不同的表述，如“特定性”、“专有性”、“途径依赖性和累积性”、“独特性”等。

③领先性。创新和研究开发能力是核心能力的本质体现。企业在构建核心能力的过程中，既有继承性的技术渐进发展，又有突破性的技术革命。企业核心竞争力是在市场运作过程中不断积累而获得的，且不断提炼、总结、提高，从而变成一种创新的机制，并保持领先优势。同时，这种能力不仅表现在对环境变化保持必要的随机应变能力上，更重要的是在企业的产品开发

和市场开拓以及市场消费需求趋势的研究上走在前列，从而激发新的市场需求的产生，引导消费。

④整体性。核心竞争力具有相互关联性，它是一组技能和技术的集合体。它的载体是整个企业，而不是企业的某个部门，企业核心竞争力的形成，必然是企业整体优化的结果，必然在企业拥有的全部资源中发挥作用，体现在企业生产经营活动的方方面面。因此，当企业某一局部阻碍甚至破坏了这种能力的发挥，则企业核心竞争力就可能消失殆尽。

⑤延展性。核心竞争力一旦形成，企业可依靠自身的核心竞争力，将经营领域扩展到相关领域而衍生出众多的技术和产品，形成自己的系列产品族，能够为自身所复制和模仿，具有弹性效应。核心竞争力是一种通用的技能专长，而不是对应于某一两种产品本身。在企业能力体系中，企业核心竞争力是母本，是核心，有溢出效应，可使企业在原有的竞争领域中保持持续的竞争优势，也可围绕核心竞争力进行相关市场的拓展，通过创新获取该市场领域的持续竞争优势。也有研究者将延展性表述为“持久性、衍生性”。

⑥路径依赖性。企业核心竞争力的培育和形成是一个长期的过程，是经过时间、知识、技术和人才积累逐渐形成的，是企业在长期生产技术实践中以特定的方式、沿着特定的技术轨道逐步积累起来的，它的建立一般需要 5～10 年，乃至数十年，并深深扎根于企业组织，具有较强的持久性和进入壁垒，因而它使竞争对手很难模仿，一旦拥有了核心竞争力，企业将获得长期、持续、稳定的发展。

⑦动态性。核心竞争力也存在着产生、成长、壮大直到衰亡的生命周期。从企业内部来看，是由于企业技术的生命周期与组织生命周期的互动关联引起的：从企业外部来看，是由产业动态的演化所限制的。企业核心能力总与一定时期的产业动态、管理模式以及企业资源等变量高度相关，随着彼此相关的变化，核心竞争能力的动态发展演变是客观必然的，曾经的核心能力可能演变为企业的一般能力。

⑧风险性。技术创新是核心竞争力的本质体现，由于技术创新的长期性、市场未来的不确定性等特点，决定了技术创新面临的环境是变化的，从而容

易失误，而企业核心竞争力的全局特点则会使失误损失放大，因此培育企业核心竞争力存在较大的风险性。

从上面的文献可以发现，学者们对于这几块的研究都处于一种分散状态，要么就只研究企业的核心竞争力。研究比较多的还是集中在技术创新与企业的核心竞争力关系之间。在认识到技术创新是企业获取竞争优势核心的同时必须看到：作为各种活动集合体的企业是各种技术的一个集合体，技术包含于企业的每一个价值活动中，而技术变革实际上对任何活动都产生影响，从而影响竞争如内部后勤中的运输技术、物资处理技术；生产作业中的工艺技术、材料技术；外部后勤中的运输技术、包装技术；市场营销中的媒介技术、信息技术；售后服务中的信息技术；采购活动中的运输系统技术、采购技术；人力资源管理中的培训技术等。由于技术体现于每一价值活动中，包含于在各种活动中建立的联系之中，因此对成本及歧异化产生重大影响。技术创新不是孤立的，它是企业系统竞争力的一个组成部分，技术创新必须同企业价值链上的其他活动尤其是与生产制造、市场营销相互协调、相互适应才能形成企业的持久竞争优势，否则仅有技术并不能转化为竞争优势。至于在技术创新到竞争优势的培育这个过程中，产品主导设计会扮演一个什么角色，正是本书所需要考虑的，这三者之间有一种必然的联系，而不是目前这种分散的状态。

3 产品主导设计演进动因

技术进步推动了主导设计的形成，经济驱动力要求主导设计形成，多元因素参与促进了主导设计的形成。同时，市场需求的变化、技术突破及主导设计的设计变化对主导设计演进会产生一定影响。对 3G 标准与消费者预期进行了一些实证研究。

3.1 主导设计产生的原因

3.1.1 技术进步推动主导设计形成

行业主导设计标准的出现要经历一个技术进步的过程，是大量技术试验学习的结果。行业主导设计标准的出现实质上既涉及研发人员的认知，也涉及用户的认知。一开始，双方都缺少必要的知识，研发人员不知道如何实现技术的功能，用户也不知道怎样确切地表达偏好什么，这些知识都不是现存的，只能通过实际试验把它们开发或创造出来。所以，在行业创新初始的流动阶段，有许多创新组织不断地设计出不同的产品，每次新产品的引入都是对用户偏好的试验，都是创新者和用户的学习机会。就整个行业来说，这个阶段正孕育着行业主导设计。先是某些特性分别被一些狃立的企业试验，遵循适者遗传的规则，通过不断地遗传、积累，最后综合出行业主导设计[59]。

行业主导设计作为技术进步的结果，技术因素在其中发挥着突出的作用。

影响行业设计标准出现的技术因素有多种，如技术变化的速度、类型以及与现存技术相适应的程度等。这些因素影响企业和用户对某种设计的投入强度、创新战略，进而影响行业主导设计的出现。对于个体企业来说，其技术实力显然是决定其产品设计能否成为行业主导设计标准的要素之一。

3.1.2 经济驱动力要求主导设计形成

行业主导设计之所以出现、如何出现，是经济起着重要作用。这包括两方面，从需求方来看，导致主导设计出现的经济力量主要是节约成本和减少风险。用户要求增加购买效率，减少搜索成本、降低购买风险和转换成本，必然要求行业设计标准的出现。从供方来看，这些经济力量主要有效率和合作，行业设计标准的出现能够通过规模经济提高企业效率、减少营销成本等。并且，行业主导设计出现后，也有利于企业与供应商、用户、竞争者达成各种稳定的协议。所以，从供需双方看，都存在着希望行业主导设计出现的经济驱动力。

3.1.3 多元因素参与促进主导设计形成

行业主导设计作为技术社会化的结果，是由社会建构的，社会的、政治的各种因素也必然参与影响技术创新活动，对行业主导设计的出现有时起着关键性作用。在现实中，行业主导设计既可能由某个占绝对优势地位的生产商或用户决定，也可能由几个生产商联合决定，还可能由行业协会、立法机构、国家标准化委员会、社会政治团体决定。行业法规经常能够加强某一个标准，从而实质上也决定了行业主导设计。另外，政府在影响行业主导设计出现方面，不仅限于立法手段、政策制定，还可以直接通过政府采购，倾斜于某类产品设计，使其发展成为行业主导设计。

3.2 市场需求变化对主导设计演进的影响

3.2.1 主导设计形成的网络外部性

与一般的外部性概念本身相比，网络外部性作为它的一种特定形式受到研究的历史要短得多。早在 1950 年就出现了对追随效应（Bandwagon effects）和孤傲效应（Snob effects）的研究，讨论了预期实现均衡[60]。1974 年 Rohlfs 针对其中的多态均衡问题进行了最早的分析，但真正具有重要意义的工作始于 20 世纪 80 年代[61]。1985 年，Katz 和 Shapiro 在《美国经济评论》上发表了题为《网络外部性、竞争与兼容性》的著名论文，成为这一领域的研究取得突破并推动大量相关研究进一步展开的主要标志[62]。关于网络外部性的研究深深地根植于传统的微观经济理论和产业组织理论，所涉及的议题相当广泛和复杂，对理解现代经济活动的一些重要的宏观现象，提供了各种微观经济的解释，但是大多数研究结果在研究所关注的福利和效率问题上并没有得出普遍适用的确定性结论，显示出在网络外部性条件下厂商和消费者的许多微观经济行为宏观效果的复杂性。

网络外部性是指如果消费者消费产品所获得的效用随着购买这种产品的其他消费者的数量增加而不断增加，也就是说这种产品的新用户的加入可以给老用户带来正的外部收益，那么这种现象就被称为网络外部性或网络效应，也称需求方规模经济[62]。网络效应可以是直接的，表现为用户可以从使用同一网络的其他用户处受益，形成一种需求方的规模经济效应，如进入同一信息网络的用户可以彼此方便交流；也可以是间接的，表现为：随着生产规模收益的递增、网络的扩大，将有更多的互补品供给，并使产品价格降低，如智能感应器在消费者群体中的推广。

在理论界普遍接受的观点是现实生活中的商品都遵循网络外部性，在网络外部性条件下，商品的生产与需求受其影响，国内外学者都通过静态的或者是动态的理论框架模型来解释这种现象。Katz 和 Shapiro 定义网络外部性是指：若某一方加入一网络系统所愿意支付的价格，与网络中现有的顾客数量或对象有关，则网络外部性就存在[63]。从宏观经济学的角度，网络外部性分为正的外部性和负的外部性，而随着高科技迅猛发展它的内涵也逐步丰富，针对于网络型企业而言，网络外部性的主体其实就是信息或者说是知识（如图 3－1 及图 3－2 所示）。

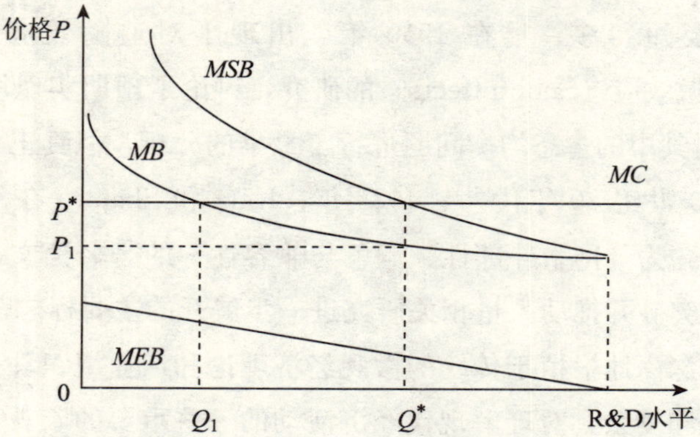

图 3－1　正外部性的外部收入：厂商的 R&D 投入

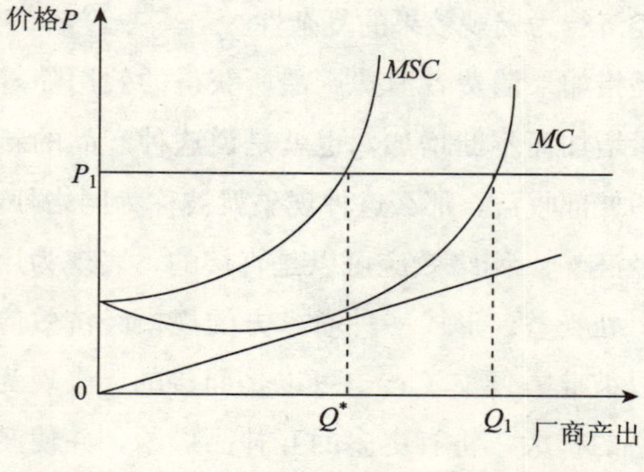

图 3－2　负外部性的外部成本

狭义来说，网络外部性就是网络使用者的外部性，例如主导设计其实在一定层面上就可以认定为是一种信息或知识，网络型企业在主导设计指导下，提升企业价值来获取竞争优势，而这种价值的提升又和消费者或者说技术标准合作伙伴的理性判断有一定的关联性。网络外部性有互依性及非补偿性两项重要的特性，互依性是指经济个体间的决策是互动的，这在网络中是相当易于认可的；而非补偿性则是某人所产生的成本（或收益）无法要求其他人支付。非补偿性的用处在于可以区分购买成本与使用成本，因为网络产业本身的获利来自设备的出售（如 modem、网络卡等），但实际上网络外部性的成本还来自所谓的使用成本。因为一家公司或个人欲由网络得到最大的效益，除了自身必须学习并使用网络，还受到网络基本设施好坏、其他企业的使用以及消费者上网情况的影响，这些成本与购买各项网络设备的成本无关，且此成本必须自行消化，故称为非补偿性。由于网络外部性的大小不只来自使用者本身所要求的服务价值是否大于其支付的费用，也与其他人的使用有关，故称为网络外部性。根据消费者是否和网络单元直接相连，网络外部性可以是直接的，表现为用户可以从使用同一网络的其他用户处受益，形成一种需求方的规模经济效应，例如电话网络和电子邮件网络等；也可以是间接的，表现为：随着生产规模收益的递增、网络的扩大，将有更多的互补品供给，并使产品价格降低，如智能感应器在消费者群体中的推广以及作为互补商品的计算机兼容硬件或硬件－软件范式（表 3－1）。所以在网络外部性条件下探讨高科技企业技术标准控制策略，不但有利于我国高科技产业的发展，同时面对 WTO 的技术标准贸易壁垒也具有建设性的指导意义。

表 3－1　　网络外部性的分类表

	直接网络外部性	间接网络外部性
定义	通过消费相同产品的市场主体的数量增加所导致的直接物理效果产生的外部性	随着某一产品使用数量的增加，该产品的互补品数量增加、价格降低而产生的价值
例子	电话、电邮、网络游戏	互联网与网站；Intel 与微软

3.2.2 网络型企业主导设计网络外部性特质

相对于传统产品的网络外部性，网络型产品有很强的网络外部特性，网络型产品价值随着该产品消费者的数量增加而递增。而对于消费者而言，用户越多，意味着后续用户可获得的效用越大，于是会自动吸引更多的用户加入到该网络中来。对于这类产品，其所占的市场份额越大，网络外部性就会越大，它就越有可能获得由此而带来的更多利益。因此，随着高技术产品占领市场份额的增多，它会变得更容易占领将来的市场，而通过巩固已有的市场份额，又能进一步发展未来的市场份额，这种趋势将确保获得市场优势的产品获得更多的竞争优势。布钦南认为：技术外部性的定义是指某个主体效用函数的自变量中包含了他人的行为。金雪军认为：技术的网络化改变了技术标准的动因，使技术的标准化更多地出于商业动机，网络外部性使得市场趋向于“赢者通吃”的市场结构，这种市场状态就是所谓的“马太效应”(Matthews Effect)，网络效应就是协同作用的特殊表现形式[64]。由于自身的特点以及动态环境的发展，主导设计的网络外部性更强，主导设计更有利于形成协同效用，通过网络支持建立主导设计发展战略优势。经济学中一个很简单的悖论就是，竞争对手的加入会导致企业的产品价格以及利润的下降，但是在网络效应的主导下，企业产品产量的增加又会使需求函数发生转变。以经济学家杨小凯为代表的“非人格的网络超边际分析”学派认为，传统经济学的一些研究方法本身就存在着致命的问题，不能用旧的研究方法来研究网络经济学。杨小凯教授认为，网络和通信业的发展已经推动经济步入了新经济时代，用超边际分析改造传统经济学，可以解释网络经济的很多现象[65]。

不管是有形的还是无形的，网络都有一个基本的特征：连接到一个网络的价值取决于连接到该网络的其他人的数量。在其他条件不变的情况下，连接到一个较大的网络要优于连接到一个较小的网络。当用户对一种产品的评价取决于有多少人使用这种产品时，就产生了网络效应。网络效应会产生正反馈，使强者更强，弱者更弱，引起极端的结果。在极端的形式中，导致“赢家通吃”的市场，单个公司或技术击败了所有的对手。以目前软件业为例，Microsoft 和 Intel 公司实际上都是通过标准来控制计算机市场竞争的节奏和游戏规则的。

3.2.3 网络外部性与消费者预期

3.2.3.1 消费者预期

预期理论是西方后凯恩斯主义的预期经济学派于 20 世纪 50 年代首次提出的。自 20 世纪 30 年代资本主义世界爆发最严重的经济危机后，西方国家遵从凯恩斯主义关于加强宏观调控的政策，一度缓解了资本主义矛盾，但长期实施又造成一定程度“停滞膨胀”的局面，从而反映了凯恩斯理论的局限性。针对这一局限，预期经济学派提出了合理预期理论，并提出了“预期假说”模型和公式。该理论强调，预期主体会根据自己掌握的经济形势和经济变量，分析如物价水平、工资变动、金融资产行情等，来对未来变化做出估计、反应和行动；认为经济干预的政策只能对名目变数发生影响，而难于达到影响消费选择和缓解滞胀的目的，其政策主张的核心是反对政府干预。西方预期理论主张反对政府干预经济，实质是强调预期主体的力量和逆反。认为预期现象应是宏观调控决策前应顾及的基点之一，政府干预经济时要首先想到预期主体也可能存在顽固的背向力。它为人们认识消费者的预期心理与行为特点、把握预期心理与社会经济运行的相关关系，提供了极为重要的理论依据[66]。

消费者预期是消费者在一定经济环境作用下，根据经济形势和掌握的相关经济变量的信息，对自身物质利益的得失变化进行预测、估计和判断，并据此采取相应消费对策和参与投资、商品交换等经济活动的心理及行为现象。这种现象普遍地存在于社会经济生活中，也极其广泛地存在于消费者的消费活动中。一般来说，消费者在做出消费决策和以各种方式参与商品交换活动之前，都会对该决策及活动的效果做出预计和估价，并根据对利弊得失的预期来选择消费的先决条件，同时也体现了消费者心理和行为的共性特征和一般规律[67]。

影响消费者预期的主要因素有政治和经济两方面，对政治因素的关注也往往立足于政治对经济的影响。因此，静态地看，影响消费者行为的因素一是预期收入，二是预期支出。预期收入和预期支出之间可以有多种情况。当预期收入不变而预期支出减少，或预期支出不变而预期收入增加时，现时消费支出往往呈扩大趋势；当预期支出增加而预期收入下降或不变，或预期支出增加量大而预期收入增加量小时，现时消费往往呈缩减趋势。

因此在网络经济下，消费者的效用函数可以表示如下：

$$U=\beta \cdot p+\alpha f(k, q) \tag{3-1}$$

其中 $\beta>0$ 为每个消费者购买商品得到的基本效用，参数 α 体现了该产品对互补品的依赖程度，$f(k, q)$ 表示互补品的数量 k 和质量 q 的函数，该函数是该产品所有互补品的集合。因此乘积 $\alpha f(k, q)$ 为消费者从网络外部性中得到的总效用。消费者的效用函数可以简单表示为 $U_i=U_i(X, W)$，其中 X 为产品本身的价值，即消费者单独使用产品获得的效用，W 为网络外部性给消费者带来的价值。可见传统产业的产业链整合只是对自身产品的影响，即对 β 的影响，而互补品同样影响着消费者对该产品的效用函数。例如，在企业生产出新的产品，而该产品对互补品的依赖性较强。在传统模式下，企业可能只提供少量互补品，希望产品在市场中逐步被消费者认可，慢慢的互补品的类型、数量、质量增加而价格降低，最后占领市场。

3.2.3.2 网络外部性形成中消费者预期作用分析

网络外部性实质上是网络规模扩大过程中的一种规模经济，不过，与产生于供给方面的传统规模经济不同的是，这种规模经济产生于市场的需求方面，因此，网络外部性也被称为需求方规模经济。需求方规模经济对网络化市场结构有重要的影响——用户的选择决定了一切。比如，微软在 1998 年 5 月的市值达 2100 亿美元。这种巨大的价值并不是基于开发软件的规模经济，当然，在软件设计和任何其他信息市场中都存在规模经济。但是市场上有好几种性能与 Windows 95 和 Windows NT 相似（甚至更好）的操作系统，并且开发操作系统的成本与微软的市值相比简直微不足道，微软的关键应用软件也是一样。用户之所以选择它们是因为它们已被广泛应用，是事实上的产业标准。其他竞争的操作系统无法达到临界容量（critical mass），在网络市场中达到临界容量的产品就会迅速占领市场，而未能达到临界容量的产品就面临着失败，甚至销声匿迹[62]。

假设某一产品的市场容量规模为 q，消费者对该产品的市场容量预期为 q^e。为了简化分析，将采用归一化，那么 $0 \leqslant q \leqslant 1$；同时假设网络外部性效应函数为 $f(q^e) = x + \delta h(q^e)$，其中：

x 为产品的独立价值，没有其他消费者消费该产品时，产品本身带给消费者的使用价值。

δ 取值为 0 或 1，当 $\delta = 1$ 的时候，表示市场存在网络外部性效应。当 $\delta = 0$ 的时候，表示市场不存在网络外部性效应。

$h(q^e)$ 为衡量网络外部性强度的函数，此函数二阶可导。$h'(q^e) > 0$ 表示网络外部性效应为正；$h''(q^e) < 0$ 表明网络外部性效应边际收益递减，并且 $h(0) = 0$。

另外，假设消费者偏好为 θ，θ 在 $[0, 1]$ 上均匀分布，当市场上的某种产品价格为 p 时，消费者的效用函数为：$u(\theta, q^e) = \theta f(q^e) - p$，进而可得边际消费者的效用函数 $u(\theta^*, q^e) = \theta^* f(q^e) - p = 0$，从而可得到边际消费者的偏好为：

$$\theta^* = \begin{cases} 0, & \dfrac{p}{f(q^e)} < 0 \\ \dfrac{p}{f(q^e)}, & \text{其他} \\ 1, & \dfrac{p}{f(q^e)} > 1 \end{cases}$$

可以求出，当产品的价格为 p 时，市场规模为 $q = 1 - \theta^*$，从而得到边际消费者的支付意愿：

$$p(q, q^e) = f(q^e)(1 - q) \tag{3-2}$$

由于网络外部性效应的存在，消费者的预期是一种“可实现预期”（fulfilled expectation），因此 $q = q^e$。这样，网络产业中可实现预期的逆需求函数可表示为：

$$p(q)=f(q)(1-q)=[x+\delta h(q)](1-q) \tag{3-3}$$

当网络外部性强度较强的时候，市场上可能出现多重均衡。为简化分析，假设产品的边际成本 MC 为常数（软件产品的边际成本几乎为 0），则市场上将存在三种可能的均衡，即：$q=0$，$q=q_l$ 或 $q=q_h$。

其中 $q=0$ 和 $q=q_h$ 的市场是一种稳定的均衡，而 $q=q_l$ 表示这种均衡不稳定。在 $q=q_l$ 的左边，边际成本高于消费者的边际支付意愿，因此，任何一点扰动，将会使市场份额最终减少到 0；同样，在 $q=q_l$ 的右侧，市场份额会扩大到 $q=q_h$（如图 3-3 所示）。

可见，不稳定均衡点 q_l 在网络产业的市场结构中具有关键作用，国外学者将其称为临界规模（critic mass）。当某一产品的市场规模达到 q_l 时，由于消费者预期，其他消费者也会采纳该产品。也说明，当某一产品的市场规模小于 q_l 时，由于消费者预期，其他消费者也会采纳别的产品[68]。

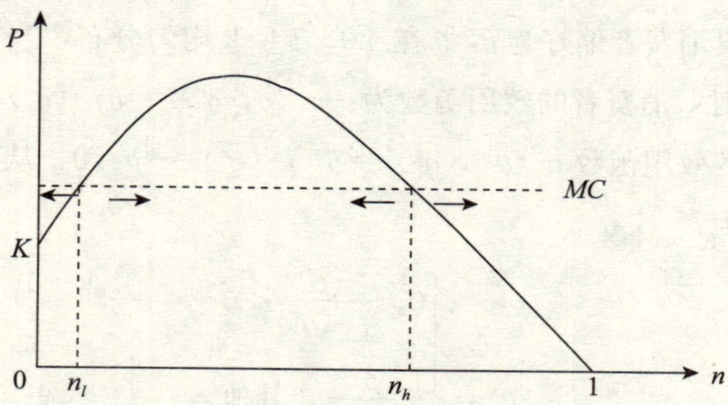

图 3-3 产品竞争的临界规模

要达到临界容量的网络规模，那么消费者预期是不可忽略的因素。现代市场经济条件下，消费者在市场供求力量的博弈中逐渐取得支配性的主导地位，其消费活动的指向、内容不仅直接成为厂商生产经营的导向，而且制约着市场供求格局的变化，影响着市场乃至社会经济的稳定运行。与此同时，影响市场运行变化的经济变量日益增多并趋于复杂化，社会信息化水平也迅速提高。由此，消费者赖以制定消费决策和抉择消费行为的预期心理便得到空前发展，由个别、分散的心理和行为活动扩展成为大规模的群体性社会心理及行为现象，由对市场局部性的、相对微弱的影响发展成为全局性的、具有巨大作用力的冲击力量。例如，如果消费者预期你的产品会普及，它就会流行，从而形成良性循环；反之，如果消费者预期无人购买你的商品，那么就会失去动力，网络规模也就很小。可以这样总结这个由正反馈引起的过程，随着用户安装基数的增加，消费者对该类产品的预期就越高，使用该类产品的用户就越多，当产品达到临界容量，网络规模就迅速变大。任何通信网络都有这个特征，交通网络也一样：能到达的终点越多，网络就越有价值。在具有网络外部性的网络产品中，用户加入该种产品所获取的价值依赖于未来长时间内网络规模的实际增长，一个理性的用户在选择软件产品时，必然会对网络规模的增长前景和辅助软件产品的可获得性、价格水平与质量进行预期。一般来说，用户会选择预期效用最大化的网络。当然用户的这种预期是有一定基础的，由于当前用户基数会直接影响未来网络规模的增长，所以消费者预期的基础就是某网络产品的当前用户基数。鉴于这一点，网络产品生产商获得用户的主要办法就是让消费者相信其产品的当前用户基数。

3.2.4 标准化对消费者预期影响

标准要成为市场标准必须要经过市场的竞争，在市场竞争还没有展开之前，政府用行政手段规定了一个标准，实际上忽略了一个标准要成为事实标准，必须先成为主导设计，而主导设计必须是市场接受的[8]。主导设计是特定时期融合了许多单个技术创新并以一个新产品的形式表现出来的技术与市场相互作用的结果，是赢得市场信赖的和创新者为支配重要的市场追随者而必须奉行的一种设计，是技术可能性与市场选择相互作用之下广为接受的满意产品。一个公司和一个行业的创新特征会因之而改变，其有加强或鼓励标准化的作用，主导设计通过影响标准化进程来影响消费者。

3.2.4.1 标准对市场结构的影响

作为组成网络的基本要素——系统在信息技术中无处不在：操作系统和

应用元件、中央处理器和内存条、驱动器和控制卡等。通常不能指望一家公司提供一个信息系统的所有部分。传统的竞争战略集中于竞争者、供应者和顾客。在信息经济中出售互补产品的公司同样重要。信息技术对系统的依赖性意味着企业不但要重视竞争对手，还要重视合作伙伴。组成联盟、扶持性伙伴和保证兼容（或不兼容）及标准化是关键的商业决策。而市场中的标准并不一定是最优的。最初的采用者主要考虑商品的自有价值，比如商品 A 的自有价值大于商品 B，那么最初的采用者会选择 A。当网络规模增大时，商品 B 的网络价值增加速度高于商品 A，且实际上在网络规模上超过了 A。在理论上，如果商品 B 能被整个市场所采用时，它将提供较大的社会收益，但是市场却选择了 A。Katz 和 Shapiro 认为“如果一个系统产生的收益比其他系统小，那么此系统标准化的代价高昂”。此类标准化也影响了市场中的创新动机，一旦市场冒尖，它将保持那个标准，即使可以得到一个客观上“更好”的标准，由于高额的转换成本市场也会表现出“过剩惯性”且仍被锁定在原标准[62]。

标准对市场结构有重要影响，从而影响消费者预期。一方面，网络产业中，标准出现之后开始了“抖落”现象，即行业主导设计出现后，通常只有一小部分企业能够抓住行业标准，快速发展，竞争实力和经济规模迅速提高[69]。与此同时，许多企业不能及时实现产品设计、工艺、组织的应有变化，被市场淘汰出局。另一方面，网络产业标准出现后，进入该行业的“机会窗口”很快关闭。在行业标准出现之前，产业中企业规模很小，每个企业都不具有明显的相关附属资产和规模经济，此时进入网络行业几乎没有什么障碍。而在标准出现后，网络产业中主要是几家垄断企业为主，它们已具有规模经济和相关附属资产，行业中的进入壁垒陡然增高。由此，排除了新进入者的威胁，已有消费者和潜在消费者不断使用产业中现有企业的产品，由于网络效应的存在，使得这些企业的利润得到保障，发展良好，从而增加了消费者预期值，就会有越来越多的消费者进入，越来越多的用户认为使用该产品是值得的。最后，产品达到了临界容量，由于网络外部性的存在，网络规模不断扩大，这样消费者的预期值越来越高，整个网络产业进入良性循环。

3.2.4.2 标准对市场进入壁垒的影响

根据产业组织理论界经济学家们达成的一个共识，进入壁垒是影响市场份额和集中度的决定因素。在阿特拜克对手工打字机、汽车、电子计算器、集成电路、电视和电视显像管等7个行业的实证研究中发现，几乎各个行业均展示了一个惊人相似的公司进入和退出模式：在一个新型行业诞生之初，在主导设计出现之前，会有一个众多企业的进入浪潮，在主导设计出现之后，公司总数平稳地减少，直到稳定在少数几家大公司上（通常是那些较早阶段进入该行业的公司），而唯一在集成电路行业中，参与该行业的公司总数曲线一直呈平直状态，有学者研究认为正是因为集成电路行业"没有任何时期的一种产品能轻易地被认为是主导设计"，这些产品始终处于冲浪状态所致。即实证研究表明，由于主导设计的出现，行业中公司总数稳定集中在少数几家大公司上，市场份额高度集中，主导设计正是根源性的进入壁垒[70]。

基于主导设计的自身特征，派生了一系列市场进入壁垒，这些派生进入壁垒正是主导设计壁垒机制的表现形式，2.2节中已有详细阐述。

上面的分析显示：$q=0$ 和 $q=q_h$ 的市场是一种稳定的均衡，而 $q=q_l$ 表示这种均衡不稳定。在 $q=q_l$ 的左边，边际成本高于消费者的边际支付意愿，因此，任何一点扰动，将会使市场份额最终减少到0；同样，在 $q=q_l$ 的右侧，市场份额会扩大到 $q=q_h$。这也就是说，在现代市场竞争中，谁首先突破临界规模，谁就会迅速占领市场，从而赢得市场，主导市场运作方向，自然会给后进入者竖起一道坚固的壁垒。例如关于高清晰度电视（HDTV）的研究已经经历了20多年，很多国家也都有了成熟的产品，而且也确立了自己的标准（目前，世界上主要有美国的ATSC标准，欧洲的DVB标准，日本的ISDB-T标准），但迄今模拟电视系统仍然占据着电视系统市场的主导地位（虽然HDTV系统相对于模拟电视系统具有明显的性能优势），其主要原因在于模拟电视系统相对于HDTV系统来说在用户基数上具有明显优势，即存在临界（网络）规模壁垒。以上案例说明，对于任何企业而言，在网络效应明显的市场上，只有达到一定的用户基数，才能使市场自发驱使正反馈效应发生作用，在市场上取得一定份额，成功地实现进入[71][72][73]。

3.2.4.3 标准正反馈机制

标准化的结果具有很强的路径依赖性，早期环境的细微差别可能导致完全不同的结果。标准的用户基数越大，标准的辅助产品开发就会越多；更多辅助产品的用户基数就会增加标准可信度，使其对新用户更具有吸引力，并增加被接受采纳的程度；反过来，标准被更广泛采纳又会促进用户基数的进一步扩大。一旦取得足够的支持，积累足够的用户基数，标准制定者拥有足够的追随者，“花车效应”就会产生，人们争先恐后登上“花车”，正所谓“赢者通吃”，市场就会向该标准倾斜，被标准制定者完全控制[74]。

标准的形成过程实际上是一个协调制造商、合作者和用户关系的过程。由于任意一方都是独立决策，没有哪一方愿意选择错误的标准，各方采取的策略往往都是骑墙观望，等待他人先迈第一步。这就是所谓的“企鹅效应”，都不愿做第一个入水者，但一旦确信安全无疑时，所有企鹅就会一窝蜂全部跳入水中[75]。因此，对于标准制定者而言，在标准形成初期应适当投资于辅助产品，给予早期用户适当支助，以此来扩大用户基数，树立标准的可信度，从而促进正反馈机制的形成（图 3－4）。标准竞争的关键所在是标准形成的初期阶段，在此阶段，微弱的优势会因“先入为主”导致最终的胜利。早期人们采纳标准的决策往往取决于对标准的预期，因此标准的可信度和用户对它的支持率至关重要。用户选择的是正确的标准，力图回避支持率低的弱势标准，以免陷入被套牢的陷阱；合作者和其他制造商选择的是具有最大市场潜力的标准；对于新产品而言，人们对它的预期建立在市场信息的基础上。企业可以通过产品预告、用户培训等手段，辅之以产品性能的证据、承诺的兑现、自身的生产能力以及辅助产品等作为后盾，影响人们的早期预期。品牌与企业形象是强有力的武器，在早期用户基数累积的过程中可能起到非常重要的作用[76]。

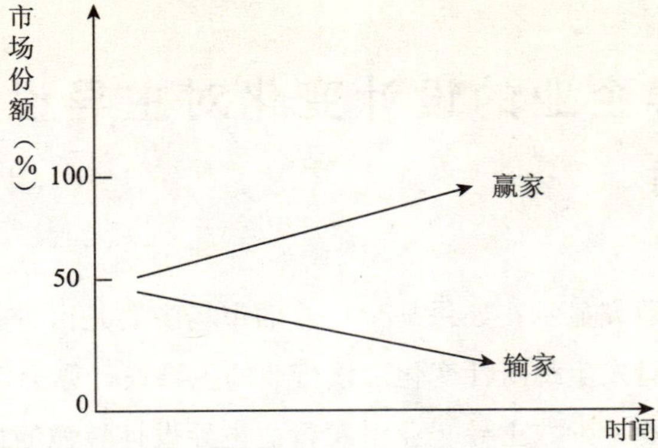

图 3-4 标准的正反馈机制

3.3 技术跳跃对主导设计演进的影响

一旦科学研究的新突破为产品创新、工艺创新、制造流程创新提供了新的思路，技术攻关为此提供了新的手段，特定行业产品的主导设计和核心技术体系即会发生根本性变化：引发企业进行提供新功能的产品设计、在不改变原有产品功能的前提下改变主导设计、改变产品和工艺技术标准，或是改变产品制造流程。至少是相应于主导设计的变化，同行业多数企业的技术范式即会做出相应调整。

这种技术的变革是以跳跃式方式进行的，是非连续性的，其跳跃的直接表现就是根本性技术创新的出现[77]。根本性的技术创新是以技术发生了原理性的变化为前提的，而渐进性的技术创新，其技术的原理没有发生变化。技术跳跃所诱发的根本性的技术创新，直接会影响到整个产业的发展，导致产品更新换代，即技术原理完全不同的产品的更替。也就是说，对应于不同代的产品，其技术处于完全不同的发展轨道。如在彩电行业，如果产品生命周期 1 对应的是模拟彩电（现有产品）的发展过程，其技术原理是模拟技术，那么产品生命周期 2 对应的是数字彩电（侵入产品）的发展过程，其技术原理是数码技术。很显然，由于数码技术的出现，从模拟彩电到数字彩电是彩电产业的一次跳跃式升级。

3.4 主导企业的设计变化对主导设计演进的影响

产业经济学研究显示，如果某个行业的市场主要是由少数企业主导，主导企业的设计一旦发生跳跃性变化，该行业的主导设计亦会转辙[78]。特别是垄断程度高的行业，少数主导企业引发行业主导设计转辙的概率更大。这主要是因为：

（1）主导企业通常有较强的技术累积和研究开发能力，能够融通资本进行变革性的研究开发与商品化开发，主导企业一旦意识到自己的主导地位受到竞争企业的威胁，即会选择产品差别化的竞争策略；为维持较为长期的主导地位，主导企业通常立足于根本性创新，取得先发优势，建立阻止他人参与竞争的技术壁垒。而根本性创新常常会改变主导企业的主导设计标准。绝对成本优势是指市场上在位企业能比潜在进入企业以较低的单位成本从事生产和经营活动，绝对成本优势的原因归结为在位企业具有生产技术上的优势，在位企业控制重要生产要素的供给来源。市场在位企业拥有先进的生产技术，通过经验的积累和R&D的投入，使在位企业能够保持一种成本上的优势。

如果最小经济规模是行业需求的重要部分，那么市场上只能维持少量企业的存在，这些企业能获取超常利润而不会引起新企业的进入。如果市场容量不变，在位企业技术创新投入的力度越大，它实现规模经济的程度就越高，使新企业的进入也就越困难，那么进入壁垒也就越大。

（2）主导企业的根本性产品创新问世后，易于创造新的市场需求，并因此而在一定时期内获得超额利润。尽管一些主导企业努力设置自我保护的技术壁垒，但受超额利润的吸引，非主导企业中的“能力较强者”即会紧紧“跟上”，模仿主导的创新行为。由于模仿的是根本性创新，因此这种模仿往往是以改变非主导企业的主导设计标准为前提，而一旦对同一根本性创新模仿达到一定程度，这时整个行业的主导设计就可能发生变化。

特别是技术创新接近成熟期时，消费者的消费需求被迅速激发，市场容量急剧扩张，产品技术也开始稳定，主导设计趋于形成或者已经形成，但产品功能的创新、技术的改进仍有较大的空间，而工艺开发和工艺创新成为竞争的主要手段，并受到重视，这为模仿创新者提供了良好的机会。在模仿的过程中，有意或无意地巩固甚至强化了主导设计，进而推动了整个产业快速进入新的技术轨道。

3.5 案例分析：3G 标准与消费者预期

移动终端是移动业务的载体和移动网络与用户的界面，其易用性和性能直接决定了服务内容的开发和用户的使用界面。移动终端在很大程度上决定着用户的无线应用消费体验，对移动业务的发展起着非常关键的作用。

未来移动通信业务的多样化必将引起移动终端种类的大幅增加，不同业务不仅需要终端具有不同的功能，而且不同终端对不同的移动数据业务应该有最优的选择，移动终端在 3G 产业网络中的角色作用可以用图 3－5 表示。

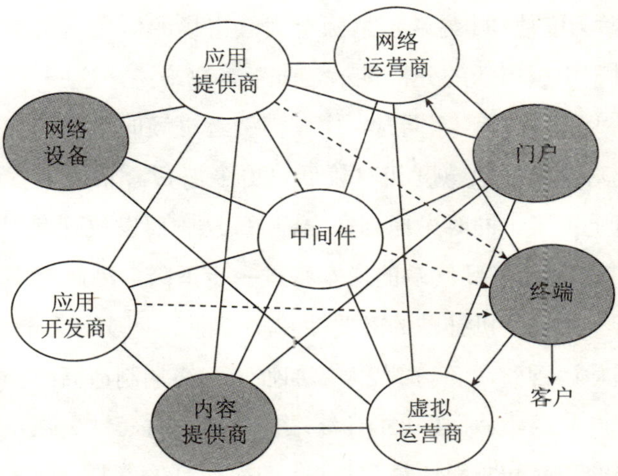

图 3－5　移动终端在 3G 产业中的角色

在网络外部性的前提下，消费者对于移动终端的网络外部性预期，将决定该技术标准的竞争状况、发展趋势、未来技术标准变革方向。对于在终端上，DoCoMo 的早期经验显示，客户不会因为一些“高端功能”而放弃对终端的外观、重量、待机时间等基本功能要素的要求。同样，在欧洲，诸多运营商所遇到的早期推广问题，很大一部分也来自于与 2.5G 相当的终端的缺乏。经过几年的努力，终端的问题目前已基本得到解决。各主要运营商所公布的 2005 年 3G 终端（WCDMA 和 GSM 双模）已可与 2.5G 在各主要功能要素上媲美，相信在国内运营商正式推出商用时，终端将不再成为一个瓶颈。结合 3G 技术标准的特性，消费者对于网络外部性预期将会考虑到移动终端的现状、未来终端的发展趋势（手机智能化、集成化），同时消费者也会针对技术标准的技术特质予以预期并加以考虑，比如该 3G 技术标准的运作平台、操作系统、芯片等。

在终端供应的问题基本解决后，价格便成为运营商所关注的重点，因为消费者对于采取某一种技术标准的成本以及价格也要进行一定的理性判断。对欧洲终端市场的分析均表明，存在一个 250～300 欧元的“终端门槛价格区间”，在此价格区间以上只有追求新鲜的早期使用者购买（小于市场总量的 10%），在此价格区间以下大众市场才真正启动。因此，欧洲运营商提高了对 3G 终端的补贴力度使 3G 终端价格降至大众市场的门槛，从而拉动了大众市场的消费。对于中国市场的分析显示，对于客户来说，这一“门槛价格区间”在 2500～3000 元人民币，而同时，中国消费者更倾向于将购买手机作为一次性消费，因此对价格的敏感度相对较低，更多消费者希望运营商对资费进行补贴。基于以上因素，同时考虑到在中国 3G 从牌照发放到商用全面推出将有 1 年左右的时间，相信 3G 终端的成本将进一步下降，因此对中国的电信运营商来说，进行大规模手机补贴的必要性和压力将小于国外运营商。

此外，国际运营商在 3G 时代大幅加强了与终端制造商的合作，并以各种方式介入终端产业链，从而保证 3G 终端的功能和时尚性更强，以满足消费者的需要。终端的功能和时尚性对 3G 业务的启动至关重要，前文已提到终端的功能直接影响到 DoCoMo 的 3G 业务的增长速度。而中国消费者对终端新功能（特别是易于展示的新功能）的追求甚至高于欧洲等地的消费者，因此需要确保 3G 终端在保留 2G 与 2.5G 终端基本功能的前提下提供更多、更时尚的新功能。为此，中国运营商可借鉴国外运营商的经验，通过各种灵活的方式介入终端的产业链，可能的方式包括独家定制部分终端、统一 UI（用户界面接口），与终端制造商合作进行营销，直接向 ODM（原始设计制造商）采购，在内部建立研发机构，积极进行供应链管理等。

3.6 本章小结

本章主要分析了主导设计演进的动因，着重分析了主导设计对消费者预期的影响，主导设计通过影响市场结构，从而影响消费者预期。一方面，网络产业中，主导设计出现之后开始了“抖落”现象，即行业主导设计出现后，通常只有一小部分企业能够抓住行业主导设计，竞争实力和经济规模迅速提高。而许多企业不能及时实现产品设计、工艺、组织的应有变化，被市场淘汰出局。另一方面，网络产业主导设计出现后，行业进入壁垒陡然增高。由此，排除了新进入者的威胁，已有消费者和潜在消费者不断使用产业中现有企业的产品。由于网络效应的存在，使得这些企业利润得到保障，发展良好，从而增强了消费者预期值，就会有越来越多的消费者进入，越来越多的用户认为使用该产品是值得的。最后，产品达到了临界容量，由于网络外部性的存在，网络规模将不断扩大，消费者预期值越来越高，整个网络产业进入良性循环。

4 基于主导设计演进的持续性技术创新

主导设计的演进，意味着产业或者企业自身新的技术轨道形成。技术轨道的形成，决定了以后产品的创新就会顺着这个轨道进行，进而形成持续性创新。企业之所以能够持续低成本、高效率的创新，原因就在于这些企业找到了并抓住了当时企业创新的产业技术轨道。

4.1 持续性创新概念的界定

持续技术创新（continuing technological innovation）即技术创新活动的持续化，是指不断地、持久地进行一系列技术创新，并适时进入新技术轨道，实现创新经济效益过程。

企业要持续生存和发展，仅靠暂时的偶发的技术创新，不可能在众多竞争者中脱颖而出。所以，企业持续技术创新就是指企业不断地实施一系列技术创新，促使企业持续发展。企业持续技术创新的特点是：

（1）企业持续技术创新具有连续性。虽然不能保证创新成果的连续性，但技术创新活动是一个在相当长的时期内不断进行的过程。

（2）企业持续技术创新具有协同性。企业各技术创新之间可以相互影响，从整体上看，整体效益、功能大于单个创新效益、功能之和。

（3）企业持续技术创新的构成有多样性。有产品创新与工艺创新之分，渐进创新与重大创新之分、显性创新效益与隐性创新效益之分。

（4）企业持续技术创新具有经济性。主要包括因资源共享而产生的范围经济和因能力增强而产生的动态规模经济。

（5）企业持续技术创新具有技术进步性。企业持续技术创新是以企业技术进步为标志的。

（6）企业持续技术创新具有系统性。一个企业中与技术创新活动及创新资源的配置和利用相关的各种机构相互作用，从而形成推动技术创新的组织系统、关系网络，以及保证系统有效运行的制度和机制。

4.2 基于主导设计演进的持续性技术创新的客观基础

根据持续性创新的研究理论，可以得出如下结论：主导设计演进导致的持续性技术创新的客观基础包括三部分，即技术创新的持续性、技术创新的集群性和技术创新竞争，在本节中将证明此结论的正确性。

4.2.1 基于主导设计演进的技术创新持续性

著名经济学家纳尔逊和温特指出，在许多部门中技术进步具有累积性，特别是在技术进步很快的行业里，进步紧跟着进步，是几乎不可避免的[80]。另外，在多西的技术轨道、厄特巴特的主导设计、萨哈尔的技术路标等理论中，在技术哲学家关于技术积累性、自主性的讨论中也都蕴藏了技术创新的持续性思想[81][82]。

我国专家也曾注意到有关技术创新持续性的现象。傅家骥等人分析了技术创新的微观经济效应、技术效应和组织效应，研究了技术积累现象[79]；许庆瑞等研究了持续技术创新在提高资源使用率和项目成功率以及缩短创新周期等方面的“隐性创新效益”[83]。

4.2.1.1 技术创新持续性的形式

主导设计演进所带来的技术创新的持续性，关键体现在前期创新与后续创新之间的相互作用，这需要明确主导设计演进所带来的技术创新持续性以哪些形式来表现。

（1）推动和反向强化作用。符合原有主导设计的产品为用户提供了更好的产品或服务，而这种新的产品或服务在某种程度上势必打破用户既有的生产经营体系的均衡，诱发一系列新的技术创新。新的技术创新反过来又强化这种新的主导设计，使其不断成熟完善。

（2）拉动和正相强化作用。后续技术创新往往为符合新的主导设计提供必需的原材料、器件或附属的设备等，没有它们，新的主导设计将无法在市场立足。

（3）支持作用。主导设计演进一般是沿着一定的技术轨道进行的，在同一技术轨道中，技术发展具有很强的积累性，也就是说第一代主导设计对第二代主导设计有很强的支持作用。

（4）衍生作用。新的技术创新是企业借助原有主导设计的技术在同一产品域内开发的适应不同用户特定需求的个性化产品，这些个性化产品一般在技术上没有太大太多的差别，因而原有主导设计作为一个技术平台或原型衍生出一系列相类似的技术创新的能力。

（5）示范作用。在激烈的市场竞争中，当某家企业产品在市场上成为主导设计之后，其他竞争企业也会相继模仿创新，它们或通过“反向工程”了解产品的技术秘密、开发类似的产品，或通过购买技术进行创新。对于此类后续技术创新，原有主导设计所主要表现在它的示范作用上，越能被模仿，被越多的企业模仿，则其示范作用越大。

（6）渗透作用。原有主导设计为新的技术创新提供关键技术。如果前后两种产品不属于同一产业，那么对于此类后续技术创新，原有主导设计主要表现它能否和在多大范围向相关技术或产品域渗透。

4.2.1.2 技术创新持续性的阻碍因素

主导设计的演进，将导致一系列技术创新的持续性，但是这些因素发挥作用的程度受到一些因素的制约，正如第三章所述主导设计的形成本身也是社会、经济等一系列因素共同作用的结果，即技术创新持续性的阻碍因素。它们主要是：

第一，惰性心理。一方面安于现状。当一种产品在市场上成为主导设计后，它能为企业带来巨大赢利，这时人们可能会有惰性心理。在竞争日益激烈的今天，任何的放松懈怠都有可能让企业先机尽失，功败垂成。另一方面，胆小怕事。在创业之初企业往往是极具勇气的，此时的创新能力也最强，但创新成功之后企业却会变得患得患失起来，在原有的主导设计产品需要转型时，很多创新机会将被错过。

第二，主导设计转换成本。主导设计是成功地建立一个结构严谨的生产经营系统，进行后续技术创新将多多少少要改变这个生产经营系统，这种改变的成本就是转换成本。具体包括有形资产提前报废损失；停产、减产损失；产品自我替代损失；职工的结构性过剩损失；技术支撑体系部分失效的损失；技术体系和管理体系部分失效的损失等。进行后续技术创新的转换成本还包括供应商、辅助产品生产者、用户相应的转换成本。

第三，技术经济极限。一项产品在成为主导设计前，由于技术不成熟，相关领域也无法做到有效支持，改善很缓慢；随着时间推移，技术能力增强，相关技术问题日趋成熟，技术性能迅速提高，但当达到一定水平后，增长又缓慢下来。技术性能的提高是有极限的，一项技术创新愈接近技术极限，创新持续性就愈受到技术极限的制约，持续性愈小。

以上分析了主导设计演进所带来的持续性技术创新的内在根据和外在限制因素，一项技术创新的持续性大小从根本上说是由这两种力量决定的。

4.2.2 基于主导设计演进的技术创新集群性

主导设计的演进，会使企业沿着产业技术轨道创新，这会导致一个企业内部甚至于产业的创新集群。企业自己抓住技术轨道，形成产品族创新，从而形成创新集群[84]。熊彼特在解释创新集群的成因时说：“一旦当社会上对于某些根本上是新的和未经试验过事物的各种各样的反抗被克服之后，那就不仅重复做同样的事件，而且也在不同方向上做类似的事情，就要容易得多了，从而第一次的成功就往往产生一种蜂聚的现象。”可以看出，他认为首次创新会为随后的类似创新带来拉动的效应。另外，主导设计要求的技术复杂性及市场需求的复杂性也促进了技术集群的发展，以及环境的不确定性，使得技术创新日益成为一种复杂性活动，单个企业不可能独自完成越来越复杂的创新活动，因而必然寻求技术集成。（欧盟创新调查显示）只有很少的企业或组织单独进行创新，大部分的创新项目是由多个组织共同协作完成的。现代技术的复杂性特征显示，主导设计的确立和演进，需要通过创新集群来实现。一项技术所包含的知识和技能越难以掌握、融合的学科越多，该项技术的复杂性程度就越高。复杂性程度较高的技术往往不能被某一个专家甚至某一个企业完全掌握，而需要融合不同学科的专家、不同企业的知识和技能，因此必须采取与简单技术完全不同的开发方式[85]。

主导设计的演进能导致创新以群集的形式存在，每一个技术创新都处在这个群体之中，技术创新群中不同创新度的技术创新之间也存在比例构成的问题，这种比例构成是否合理，同样关系到技术创新群的合理发展。根据产品自身和制造工艺的创新程度，可以把技术创新群中的技术创新个体分为突破型技术创新、平台型技术创新和衍生型技术创新[86]。

突破型技术创新是指相对于现行主导设计来说，有重大变化的产品创新或工艺创新。它所包含的新技术或新材料往往是革命性的，一旦实现，能凭借突破性的核心产品和核心工艺，迅速开拓出新市场，形成新的主导设计，从而发生主导设计演进。平台型技术创新度介于突破型创新和衍生型创新之间。作为一个新产品系列的基础，它在成本、质量、性能等各方面比原有产品或工艺都有重大的改进，再稍作变化就能衍生出一系列满足不同细分市场的新产品，以满足特定市场的需求。

一个成熟的技术创新群总是以突破型技术创新为核心，开辟一个全新的产品设计，围绕这个设计展开的是若干个平台型创新，平台型创新是整个技术创新群的骨干，发挥中坚作用，在它们的基础上又有一系列衍生型创新，这种创新形式另外可以表述为渐进性创新。另外，一个成熟的技术创新群最终会走向衰退，直接表现为新出现的技术创新越来越少，主导设计也即将发生改变，原因正如第三章所示。

4.2.3 持续性创新的实证分析

为了说明企业的技术创新具有持续性，本书用专利申请数量来描述技术创新的一种显性的能力，来表达技术创新能力。本书搜集了美国专利局2000—2005年专利申请前10名的企业以及当年的专利申请数量，数据如表4-1所示。

表4-1 美国专利局2000—2005年专利申请前10名企业及当年专利申请数量

年份 名次	2000		2001		2002		2003		2004		2005	
1	IBM	2905	IBM	3411	IBM	3297	IBM	3438	IBM	3415	IBM	3248
2	NEC	2042	NEC	1953	Canon	1951	Canon	2051	Canon	1992	Canon	1828
3	Canon	1971	Canon	1877	NEC	1847	Hitachi	1908	Hitachi	1893	HP	1797
4	Sony	1666	Micron	1643	Micron	1837	Matsushita	1903	Panasonic	1786	Panasonic	1688
5	Samsung	1449	Samsung	1546	Hitachi	1623	Micron	1710	HP	1759	Samsung	1641
6	AT&T	1426	Matsushita	1440	Sony	1605	Intel	1600	Micron	1707	Micron	1561
7	Micron	1312	Sony	1363	Matsushita	1593	Sony	1470	Intel	1592	Intel	1549
8	Toshiba	1271	Hitachi	1271	G. E	1423	Philip	1423	Philip	1353	Hitachi	1271
9	Motorola	1267	Fujitsu	1184	Mitsubish	1399	HP	1346	Samsung	1313	Toshiba	1258
10	Matsushita	1217	Toshiba	1162	Samsung	1340	Samsung	1316	Sony	1311	Fujitsu	1154

资料来源：美国专利局，作者自己整理。

从表4-1中可以轻易地看出，每年专利申请数量排在前10名的企业基本上都保持不变，IBM公司连续第一。Canon公司紧随其后，自2002年以来一直处于第二名的位置；Micron以及Samsung公司一直都处于前10名的位置。Sony公司除了2005年处于第15名被排除在前10名以外，其他的年份都在前10名。Hitachi公司除了2000年不在前10名以外，以后其他的年份都处于前10名的位置。Matsushita公司最近几年的位置被HP和Intel公司取代了，但是数据显示这家公司的专利申请数量还是处于很高。自 2003 年以来，Intel 公司和 HP 公司也连续 3 年处于前 10 名的位置。Intel 公司专利申请的数量连续 3 年都在 1600 件左右徘徊。而 HP 公司这三年处于一种上升的趋势。

本书特选出四家具有代表性的公司做相应的数理统计分析，他们 6 年来一直处于前 10 名，这四家公司分别为美国的 IBM 公司、日本的 Canon 公司、韩国的 Samsung 公司以及美国的 Micron 公司。

图 4－1 显示，IBM 公司这 6 年的平均专利申请量是 3285 件。2000 年以后，专利申请量都是在 3285 件以上，专利申请量这条线一直位于均值线上面，这能很好地说明 IBM 公司的创新具有持续性。

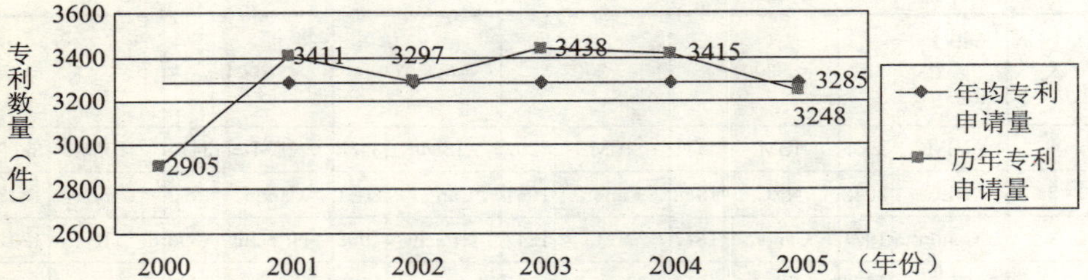

图 4－1　IBM 公司 2000—2005 年的专利申请数量

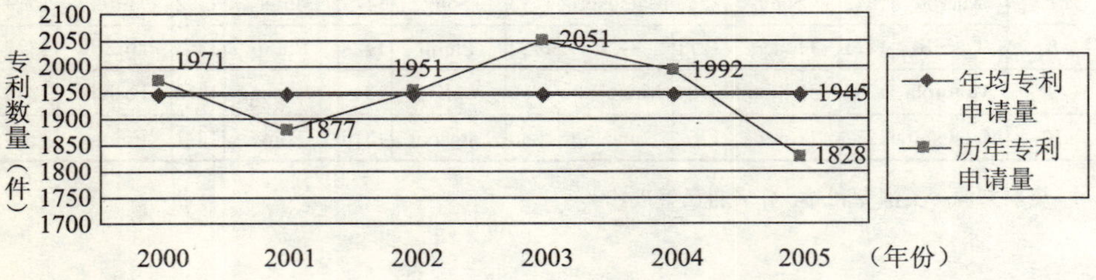

图 4－2　Canon 公司 2000—2005 年的专利申请数量

图 4－2 显示，Canon 公司这 6 年的平均专利申请量是 1945 件。各年的专利申请量都在均值附近摆动，但是摆动的幅度也不是很大，其标准差是 180，这能很好地说明 Canon 公司的创新具有持续性。

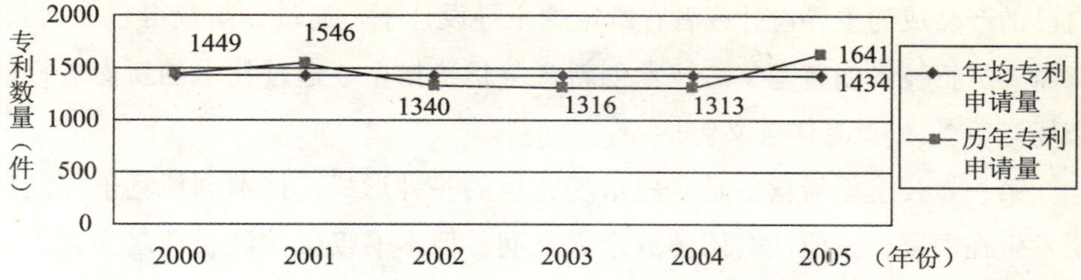

图 4-3 Samsung 公司 2000—2005 年的专利申请数量

图 4-3 显示，Sansung 公司这 6 年的平均专利申请量是 1434 件。各年的专利申请量都在均值附近摆动，但是摆动的幅度也不是很大，这能很好地说明 Sansung 公司的创新具有持续性。

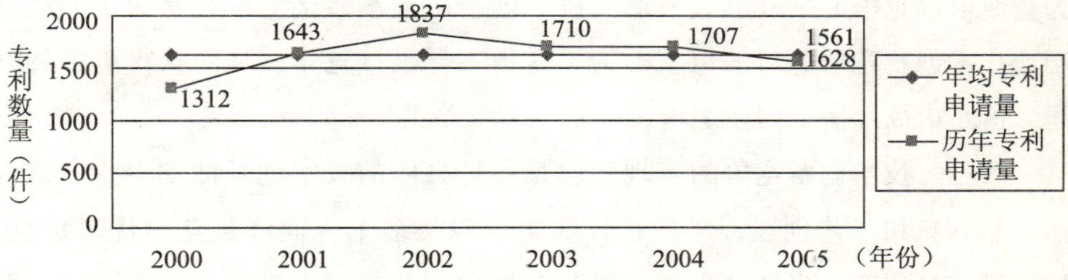

图 4-4 Micron 公司 2000—2005 年的专利申请数量

图 4-4 显示，Micron 公司这 6 年的平均专利申请量是 1628 件。各年的专利申请量都在均值附近摆动，但是摆动的幅度也不是很大，这能很好地说明 Micron 公司的创新具有持续性。

从上面的分析中可以看出，这些公司的技术创新都具有持续性。专利申请数量每年都处于一种持续的高状态。

4.3 基于主导设计演进的技术创新竞争

主导设计的演进，其实是企业之间的技术创新竞争。因为，企业若要使自己的产品成为主导设计或者在既定的主导设计下，通过创新获得超额利润，都需要进行技术创新竞争。技术创新竞争是特指企业通过技术创新而进行的市场竞争[87-90]。具体含义包括：

第一，技术创新竞争是企业市场竞争的一种形式。技术创新竞争可能广泛发生在国家、其他社会团体或个人之间，但本书仅仅关注企业之间在主导设计演进过程中展开的技术创新竞争。

第二，技术创新竞争的根本目的是在产业主导设计演进过程中，获得主导设计竞争，进而获取更多的利润。技术创新活动本身是一种技术经济活动，它不是单纯的经济活动，也不是单纯的技术活动，它要为企业产品在市场上成为主导设计在技术上打下坚实基础；它既能给创新者带来超额利润，又能推动社会的技术进步。而技术创新一旦成为企业行为，技术创新竞争一旦成为企业市场竞争的一种形式，那么技术创新从根本意义上说就是为了创造利润，技术创新竞争的目的也就是为了获得主导设计竞争，从而获得更多的利润。这是市场经济的内在逻辑。

第三，技术创新竞争的实现手段是各种具体的技术创新活动本身。这包括产品创新和工艺创新。主导设计演进可以从多个方面产生竞争优势机会，如通过产品创新，降低使用材料数量、便利制造过程、简化后勤需要来降低产品成本[91]；通过产品创新从而提高产品质量、特性、送货能力或是转换成本；通过产品创新从而设计恰能满足目标细分市场需要的性能；通过产品创新从而使产品在满足某一特定细分市场要求时，比那些目标广泛的竞争对手做得更好。

4.3.1 创新能力与主导设计兼容性选择策略

对于网络产业来说，兼容性是产品需要考虑的重要因素，不同的主导设计之间可能存在不兼容的现象。李贝贝、黄锋（2003）指出，厂商产品之间的兼容性策略会受到创新能力的影响[92]。他们选择 Hotelling 模型作为分析的框架。消费者均匀分布在长度为 L 的直线上，A、B 两个产品分布在直线两端，即对 A 而言 $X=0$，对 B 而言 $X=L$。消费者必须选择一种产品，他们对两种产品除去网络外部性效用、运输成本之外，具有相同的保留价格 R，单位距离的运输成本为 T。

下面主要分析创新能力与兼容性策略。假设 A 产品实现了技术创新，提升了消费者对高技术的保留价值，令 $\lambda>0$ 表示这种保留价值的提升，此时消费者对两种技术的保留价值不再相同，而是 $R_A-R_B=\lambda$。市场均衡时的分割点 X^* 满足：

$$R_A-P_A-TX^*+\alpha X^*+\alpha\beta(L-X^*)=R_B-P_B-T(L-X^*)+\alpha(L-X^*)+\alpha\beta X^* \tag{4-1}$$

通过与市场份额分析中相同的处理，可得：

$$\begin{aligned}\prod\nolimits_A^* &= P_A^*\cdot X^*\\ &=[(T-\alpha+\alpha\beta)L+2\lambda/3]\cdot[L/2-\lambda/6(T-\alpha+\alpha\beta)]\end{aligned} \tag{4-2}$$

$$\begin{aligned}\prod\nolimits_B^* &= P_B^*\cdot(1-X^*)\\ &=[(T-\alpha+\alpha\beta)L-2\lambda/3]\cdot[L/2+\lambda/6(T-\alpha+\alpha\beta)]\end{aligned} \tag{4-3}$$

很明显 $\partial\prod_A^*/\partial\beta>0$，没有实现技术创新的企业希望与技术创新的企业实现兼容。由 $\partial\prod_A^*/\partial\beta=\alpha L^2/2-\alpha\lambda/9(T-\alpha+\alpha\beta)^2$ 可得：如果 $\lambda<9T^2L^2/2$，则创新能力很强的企业会拒绝与创新能力较弱的产品实现兼容；如果 $\lambda<9(T-\alpha)^2L^2$，创新能力很差的企业倾向于实现兼容；其他情况下，兼容性选择对企业的利润影响不太明显。

拥有较强技术创新能力的企业，较容易在市场竞争中胜出，从而将自己的主导设计转化为行业标准。在采用不兼容的策略下，该产品将对其消费者产生较强的锁定效应，从而使得技术创新带来的市场地位得到巩固。这里也能看出，市场上兼容性策略的竞争实质是厂商背后技术创新能力的竞争。不同的技术创新能力下，厂商会选择不同的兼容策划。在创新能力很强的时候，厂商都会选择不兼容，从而可以获得垄断利润。

4.3.2　技术创新竞争的主要内容

主导设计演进所引起的技术创新竞争主要包括技术创新资源的竞争、技术创新战略的竞争、技术创新组织与管理的竞争、研究与开发的竞争、专利权的竞争等内容。

第一，技术创新资源的竞争。与一般的经济活动相比，主导设计竞争要投入更多的资源。特别是现在，技术的发展日益复杂，而且伴随着学科的相互交叉与渗透，更加剧了投入强度。

主导设计的确立与演进是一种技术进步与市场需求相结合的活动，企业既需要技术信息又需要市场信息，两者缺一不可。在技术创新竞争中，谁先获得信息，谁就可能占领先机。我国企业在技术创新中深感信息缺乏，这表明企业缺乏收集信息的强烈意识，缺乏收集和处理信息所必须的硬件设施和组织机制，这也要求企业应尽快利用最新的通信技术、信息技术，建立自己的情报系统。日本企业的做法能给予一些启示。

第二，技术创新战略的竞争。成功的主导设计竞争是一种战略行为[93]。企业若建立了有效的创新激励机制，但缺少有效的战略指导，即正确的主导设计大思路，也必然在长期的竞争中败北。即使一时取得了某项技术创新的成功，从长远看，缺乏有效技术创新战略的企业也是没有持久生命力的。这是因为，今天的企业技术创新竞争是动态发展的，企业一时的胜败并不重要，关键是能在长期的竞争中胜多败少。要做到这一点，企业必须有一个有效的相对稳定的技术创新战略作方向指导。所以，从这个意义上说，企业技术创新竞争首先是技术创新战略的竞争，即看谁的技术创新战略更有效。

第三，技术创新组织与管理的竞争。组织和管理是技术创新的一个重要前提，建立一个经济高效的技术创新体系是技术创新战略能否成功实施的关键。主导设计是一项复杂的社会系统工程，它不仅涉及企业内部的研究、开发、生产和市场营销，而且还涉及企业之外的许多社会因素。

第四，研究与开发的竞争。研究开发的基本功能是创造新技术，它是企业技术创新的一个重要的组成部分，为技术创新提供技术支持。企业获得技术的途径无非是两条：自主研究与开发和从外部引进。一般说来，在激烈的国际国内竞争中，任何企业都不会把自己所拥有的第一流的先进技术轻易转让，能够买到的只是二流技术，甚至是经过成熟期、进入衰退期的技术。因此，企业要在激烈的主导设计竞争中获胜必须进行自主的研究与开发。

第五，专利权的竞争。专利制度是一种激励技术创新的产权制度。专利制度的核心是专利权，它的基本特性在于垄断性，专利权所有者依法在一定时期内对专利产品拥有制造、使用和销售上的独占权，这就使他有充分的时间占领市场、占据市场主导地位。竞争对手为了争取一定的市场份额，则需千方百计地摆脱专利权的垄断制约。于是企业之间的技术创新竞争在很大程度上表现为专利权的竞争。特别是今天，由于企业间技术创新竞争越来越激烈，专利权的竞争常常引发专利战。

企业在专利权的竞争中关键是要建立一张完备的专利网，当私权的专利与公权的标准结合在一起的时候，更加能够发挥专利的威力。国际上许多成功的技术标准就是将专利融入标准之中，并且标准越来越呈现专利化的趋势。也就是说，企业在完成某一发明，特别是一项重大发明时，不能只就主导设计涉及的技术申请基本专利，而应该在该技术的应用方面、在相关的工艺制造和材料技术方面，也申请各种应用型、改进型的外围专利，尽量不给竞争对手留下任何可乘之隙，从而充分发挥专利权的作用，并且将这些专利技术形成标准。专利网的威力是巨大的，发达国家的企业很重视建立自己的专利网。我国企业的专利竞争意识还不够强，但随着国际竞争日益加强，我国企业如果不建立自己的专利网，是难以在市场竞争中占据主导地位的[94]。

4.3.3 技术创新竞争的特点及趋势

第一，从地位上看，主导设计竞争是当代企业市场竞争的最主要形式。企业市场竞争的形式还有价格竞争、销售竞争、质量竞争等多种形式，但最有价值的竞争形式是主导设计竞争。“这种竞争所打击的不是现存企业的利润和产量，而是打击这些企业的基础，危及它们的生命。这种竞争和其他竞争在效率上的差别，犹如炮击和徒手攻击间的差别。”[95]传统企业的竞争主要取决于其资本、劳动力投入的规模程度，因而其对技术的依赖性很小。而在市场范围和生产规模不断扩展的背景下形成发展的现代企业，要在激烈的市场竞争中抓住生存与发展的机会，仅仅依靠资本显然是不够的。是否具有可与其他企业竞争的技术力量日益成为决定性因素。

第二，从形态上看，主导设计竞争是动态发展的。这表现在两个方面：其一，主导设计竞争的目标具有扩张性。即竞争的目标会随着竞争的展开而扩大。其二，主导设计竞争的结果具有动态性。由于主导设计竞争的目标具有扩张性，所以主导设计竞争不会长期地停下来。在这一过程中，不存在绝对的赢家，也就是说，现在的赢家可能在下一轮技术创新竞争中成为输家，现在的输家也可能在下一轮竞争中成为赢家[96]。

第三，从内容上看，主导设计战略的竞争是当代技术创新竞争的关键。这样说有两点理由：其一，从技术层面来看，技术间断性（technological discontinuity）已经并必将发生得越来越频繁。其二，从企业创新实践来看，现在的企业都认识到技术创新的重要性，都投入巨量的资源用于技术创新，每家企业的技术创新实力都很强，具体的技术创新活动都进行得很优秀。在这种情况下，企业主导设计竞争难以在技术创新活动本身上比高低，关键就是比谁更具有洞察力，比谁理解的技术、市场走势更准，一句话，看谁的技术创新战略更合适。

第四，从形式上看，主导设计竞争的合作形式越来越突出。主导设计竞争不仅不排斥合作，而且越是主导设计竞争激烈的产业，合作现象越突出。比如，20 世纪 80 年代，几乎所有排名前 20 位的世界信息技术公司都签有几十个乃至上百个各类技术创新合作协议，其中 R&D 合作协议都占四分之一以上。可以说，合作成为主导设计竞争的重要手段[97]。合作之所以必要，是因为：其一，现代技术进步越来越快，技术系统也越来越复杂。一项高技术创新常常要涉及众多技术领域，即使是最大的跨国公司在时间限制之内也难以独自掌握创新要求的全部的技术能力，而这些稀缺的能力别的企业恰恰可能具有，这就使合作创新成为可能。其二，企业主导设计竞争越来越激烈，使企业创新成功率变小，风险增大；同时，产品更新换代的周期越来越短，要求企业不断加快研究开发速度，使研究开发费用剧增，所以为了分散风险、弥补投资能力不足，企业也必须寻找外部合作。通过合作，不仅降低了成本，分散了风险，加快了研发速度，而且还为企业提供了一个接近稀缺技术源的机会，从而使企业能更有效地监测外部技术的发展，使企业在激烈的主导设计竞争中获得竞争优势（如图 4－5 所示）。

图 4－5　技术创新竞争的趋势

4.4　基于主导设计演进的持续性创新过程

人们对自身功能延伸的期待与当时的技术条件相结合，产生了一种技术趋势，在这种技术趋势的作用下，已有的发明通过组合会产生多种可能应用的技术，由于环境等因素的限制，多种设计中真正实现的设计的数量又是有限的。同时并存的几种设计通过相互之间的竞争与淘汰，最终只有一种技术形式被选中，成为主导设计。这种主导设计是极不成熟的，它仅仅提供了一个设计方向，在特定的环境中它才能具体化为常规的、标准化的设计。而这种设计形式并不是一成不变的，当主寻设计发生转移后，技术又会随着环境改变而改变。

前期以产品创新为主，后期以工艺创新为主，产品创新和工艺创新都经历了由开始的根本性创新转向后来的渐进性创新的过程。整个转变过程是产品创新的一个生命周期，实现了技术创新连续性，而不同产品生命周期更迭，实现了技术创新突变。因而技术创新是一个连续性与非连续性相互交替出现的演进过程。

4.4.1　技术与社会环境的互动

在技术个体形成初期，产品原型的创新水平很高，产品变化快，设计具有多样性；数家小企业并存，创新的重点在于产品的性能；创新的思想来源很多，可来自顾客、顾问或非正式的外界联系，其组成个体的要素以及要素之间的关系都是不稳定的，比如：哪些要素是技术个体必备的，哪些是可有可无的；部件之间相互感应的程度，整体协调性等。生产者关于产品的理念和技术尚不够成熟，产品性能处在不停的变动之中，消费者对新产品也会经历一个不断熟悉的需求变化过程。生产者根据自己技术能力的提高和对消费者需求的反馈不断调整产品功能。这是一个逐渐克服其作为原始技术个体的缺陷，逐渐加入技术整体的具体化过程。每一种设计最初都以技术个体本身的具体化为动力加入竞争的行列。在蒸汽汽车、煤气汽车、电动汽车和汽油汽车在不断克服自身的原始缺陷的同时，相互之间存在着竞争，经过一个竞争性的产品和技术演化过程，汽油汽车成为了为生产者和消费者共同接受的主导设计。在这种竞争——选择的过程中，来自技术个体本身的具体化而表现出来的性能上的优劣显然很重要，如汽油发动机的热效率比蒸汽机的热效率要高，同时电动汽车的动力装置——电瓶使用时间较短，不适合作为普遍使用的交通工具。这是一个技术个体适应其生存的技术和社会环境而具体化的过程，技术在其与环境的耦合过程中加入其中。

4.4.2　常规技术的发展

一种设计类型被选择并不意味着其具体化的完成，还需要通过具体化进入文森迪称之为常规设计的阶段。常规设计就是运行原理和常规构造基本稳定的设计，构成了“被接受的传统”的基础，即在以后的进化过程中遗传的主要内容。常规设计的出现一方面来自技术个体内部环境的具体化动力，另一方面也是技术个体适应其存在的外部技术环境的具体化结果。正如古兰所表述：“一个发自内在环境的、逐渐攫取外在环境的运动”[98]。同时也会看到，常规设计的形成也会受技术以外因素的影响，如具有竞争力的大公司对某种设计的认同，会引导行业中的其他企业对该设计的选择；客户与厂商之间在市场中的交流中对某种设计趋势的影响。企业需要的是一个将技术资源与市场需求联结起来的代表优秀产品的主导设计的确立。在常规设计确定下来之后，技术发展便进入常规技术发展阶段，在这一阶段，也即道西所说的人们在一定的技术轨道中的常规解题活动。此时产品创新率急剧下降，产品基本稳定，大规模生产成为可能，专用生产设备逐步取代通用生产设备。产出增长很快，企业不得不将创新重点转向目的在于降低成本的过程创新，制造商为争得市场份额，开始考虑缩短制造流程、节约能源、降低消耗，这时很少出现大的技术上的创新，企业更多地致力于标准化和生产工艺的改善。

4.4.3 技术的转移与具体化

在技术离开它的出生地以后，即在技术转移的过程中，具体化过程仍在进行着。在技术进入新的环境以后，技术个体还要根据新环境的要求调整自己，使之与新环境相适应。可以将技术具体化的过程看成是技术趋势与环境之间的不稳定的妥协。既然是不稳定的，那么在不同的环境中技术的具体化方向会有所不同，正如古兰所指出的，技术趋势透过种族的、地域的混浊“衍射”出不同的技术事件。不同形式、不同程度的社会互动促动了知识流的差异，建构了技术创新进化的进程与方向。因此在不同地域基于主导设计而进行的进化过程中，技术人工制品将呈现家族相似的多样化特征。基于技术轨道的顺轨性技术创新代替了基于知识和技术平台的衍生性创新[99]。企业在主导设计领域的一定优势知识和技术积累，成为企业在某一阶段内持续创新的知识和技术平台。企业由此可以开发出不同细分市场需求的衍生产品。在常规设计的技术平台上，实现转移—吸收—调整—扩散的良性发展。通过改造、优化、整合、开发出适应各自环境的技术和产品，形成企业在市场中独有的竞争优势。

4.5 本章小结

本章主要论述了产品主导设计并非一成不变，在众多综合因素影响下，会发生改变。产品主导设计变化，说明行业技术轨道将发生改变。网络型企业若能掌握产品主导设计，就能抓住产业技术轨道，沿着技术轨道进行顺轨创新，从而能够带来低成本持续创新。

5 持续性创新对网络型企业竞争力的影响

界定网络型企业竞争力的内涵和特征，研究主导设计演进对企业核心技术能力的影响及技术标准对企业组织协调能力的影响。主导设计的竞争过程实际上是一个协调制造商、合作者和用户关系的过程。本章从需求方、供给方和产业竞争三方面来分析主导设计怎样导致企业持续竞争优势，建立基于产品主导设计演进的持续性竞争模型。

5.1 主导设计演进对企业能力的影响

企业能力是指企业整合资源，使价值不断增加的技能。一般而言，资源本身并不能产生竞争能力和竞争优势，竞争能力和竞争优势源于对多种资源的特殊整合。企业的竞争优势源于企业的竞争力，竞争力又源于企业能力，而企业能力源于企业资源[100]。研究主导设计与网络型企业持续竞争优势，应该从分析主导设计与企业能力的关系入手。本书认为企业能力主要包括核心技术能力、组织协调能力和对外影响能力。下面来分析主导设计与企业能力之间的关系。

5.1.1 主导设计对企业核心技术能力的影响

在传统的工业经济中，由于技术更迭缓慢，效益主要取决于生产规模和产品质量，主导设计在大多数情况下与专利是分离的，带有公益性。随着知识经济的来临，效益更多地取决于技术创新和知识产权。主导设计往往表现为专利形式，在知识产权制度下，其他网络型企业创新往往涉及侵权行为。这种技术创新能力，反映了网络型企业将资源优势转换成技术优势的能力，是构成网络型企业核心竞争力的核心要素。随着科学技术的迅猛发展和企业环境的日益多变，产品更新换代速度越来越快，网络型企业建立自己的主导设计、核心技术体系，提高自身核心技术能力已成为网络型企业战略的核心。标准与专利捆绑是公开的秘密。美国惠普公司仅仅一个打印机墨盒技术标准的背后，就隐藏有400多项专利。如果使用该标准，就必须支付高额的专利费。美国高通公司由于在CDMA移动通信领域拥有1400多项专利，并使相关的标准成为国际标准，现在该公司靠出售知识产权赢利，如日中天。

如果以企业的核心技术为基础，形成了行业或国家的技术标准，甚至国际标准，谁要进入这个行业，就必须应用这个技术标准。显然，这个具有本企业核心技术的标准，使企业在行业中处于不易超越的领先地位，通过市场的拓展会很快地收回技术开发的成本，并可以牢牢地控制、掌握专业技术发展和标准制定的主导权。这也就是国际上跨国公司积极参与和设法控制国际技术标准制定的原因[101]。

5.1.2 技术标准对企业组织协调能力的影响

R&D为技术标准发展提供技术基础，技术标准为R&D成果转化生产力提供渠道和保障。随着对外开放的不断扩大和对内改革的不断深入，特别是我国加入WTO以后，改变技术标准与科技研发两者联系不紧、脱节严重的局面，通过逐步培育促使两者形成相互促进的协调发展关系，已经成为我国政府和越来越多的产业领先企业、支持机构所关心的战略性问题。

我国TD-S CDMA标准的倡导人周寰认为，单纯依靠企业力量实施标准战略是不现实的，它需要国家有力的支持。同时，在国际标准竞争过程中，强强联合，组建企业技术联盟，共同开发核心技术和技术标准，已成为跨国企业参与标准竞争的有效途径。总之，对内，企业需要协调人力、物力、财力，特别是科研力量；对外，不仅需要取得政府的支持，还需要借助竞争对手的实力。所有这些都仰仗于企业超常的组织协调能力。

5.1.3 主导设计与企业对外影响能力的关系

主导设计的正反馈机制表明，主导设计的用户基数越大，主导设计的辅助产品开发就会越多；更多辅助产品的用户基数就会增加主导设计可信度，使其对新用户更具吸引力，并增加被接受采纳的程度；反过来，主导设计被更广泛的采纳又会促进用户基数的进一步扩大。一旦取得足够的支持，积累足够的用户基数，主导设计制定者拥有足够的追随者，“花车”效应就会产生，正所谓“赢者通吃”，市场就会被主导设计制定者完全控制。

主导设计的竞争过程实际上是一个协调制造商、合作者和用户关系的过程。由于任意一方都是独立决策，没有哪一方愿意选择错误的标准，各方采取的策略往往都是骑墙观望，等待他人先迈第一步，这就是所谓的“企鹅效应”。因此，主导设计竞争的关键在于取得早期用户支持，扩大用户基数，树立主导设计的市场可信度，促进正反馈机制的形成。

5.2 网络型企业竞争力及其特性

5.2.1 网络型企业竞争力的界定

从以上分析可以看出，主导设计与企业能力之间有重要联系，而企业能力是企业竞争力的基础，所以主导设计必然与企业竞争力相互关联。前面对一般企业竞争力的理论研究渊源、相关观点，以及对网络型企业的特性、系统构成所进行的阐述，让大家更加深刻地认识到网络型企业是新经济的主要力量，其生存、发展及与其他企业的竞争跟传统企业相比有着显著的不同。由于大多数竞争力理论是基于传统企业研究而得出，有必要对网络条件下企业的竞争力进行重新界定。本书认为网络型企业竞争力是以企业长期积累的技术和知识资源为基础，以技术创新为基础，以主导设计为中心，能为顾客和企业创造价值的，能有效地获取、协调和配置各种资源和技术融合的独特能力体系，是企业独具特色并能为企业带来竞争优势的企业专有知识和信息，是企业拥有的，能转化成竞争优势的知识体系。它的基本要点主要包括[101—103]：

（1）技术创新是网络型企业竞争力的基础。网络型企业所处的产业具有网络效应的特点，决定了企业必定面对激烈的主导设计之争，为了能够捕捉到行业主导设计，企业必须持续地进行技术创新，否则就只有微小的生存空间或者被淘汰出局。

（2）路径依赖性。从企业历史考察，是积累性学识的结果[104—106]。网络型企业竞争力的形成源于企业的长期积累，每一项核心技术的创新至成熟需要几年的时间，融入网络型企业内质形成其特有的竞争力，又需要企业在长期生产技术实践中积累起来。网络型企业竞争力形成与培育是一个长期的循环往复的过程。

（3）网络型企业竞争力是企业的技术、知识、管理等要素的有机组合，其竞争力能为企业带来竞争优势，能使企业在主导设计之争中占据有利地位。

5.2.2 网络型企业竞争力内涵

网络经济的发展对在工业经济中形成的企业提出了一系列挑战，要求企业按照新经济的新要求作出相应变革。在网络经济时代，范围经济的重要性渐渐地超过规模经济，企业单纯以依靠数量来赢得竞争优势的经营理念已经落伍，电子商务的兴起，要求企业在生产和销售的信息处理上具备迅速反应的能力，从而对企业的分工定位、组织作业体系以及组织结构变革都提出了新的要求，技术的迅速进步要求企业只有成为一个学习型组织，才能适应网络经济的要求[107]。网络型企业拥有多方面的能力，其竞争力具有一般企业竞争力的共同特性，但是在这些特性中它更强调高质量的构成要素、更依赖于技术创新能力、更易于满足市场多变的需求等。根据网络型企业生存环境的特点和竞争力的内涵，可以认为网络型企业的竞争力主要有基于主导设计、客户量导向、追求速度和动态优势四大特征。

（1）基于主导设计。网络效应的存在，大部分市场将被一个或几个技术所主导。能将自己的技术发展成为市场主导设计的公司通常可以获得巨大赢利，甚至可以在几代产品上都能占据主导地位。并且当一个公司的技术转化为主导设计时，不仅意味着公司有能力在短期内赢得近乎垄断的利益，而且公司也处于能够影响行业发展趋势的有利位置，极大地影响将来几代产品的走向。但是，如果公司支持的技术没有被作为主导设计，它可能被迫采用主导技术，严重丧失在自己原创技术上的投资成本、学习成本和品牌，更糟的是可能被市场拒之于门外。可见主导设计关系企业的业绩与生死存亡，所以网络型企业的竞争力构建必须以主导设计为核心进行设计。

（2）客户量导向。网络效应使产品的价值随着使用者的增加而增加，或者说是一个使用者从产品消费中得到的效用随着其他消费者的增加而增加。具有网络效应的产品价值分成两个部分：一个是自有价值，另一个是网络价值。自有价值是在没有其他使用者的情况下产品自身的价值，网络价值是由于其他用户的参与而给产品带来的附加价值，网络价值是产品使用者数量的增函数。企业的竞争力通过提升产品的网络价值可以为客户和企业创造更大的价值，为此，应该特别重视客户量的增加[108]。

（3）追求速度。网络产品的显著规模经济性、消费的非排斥性、换制成本及外部正效应都要求企业追求速度。梅特卡夫法则和马太效应直接导致了企业经营理念的改变，原来的注重销售额和利润的观点转换成以提高市场份额和占有率为主，由原来的“大鱼吃小鱼”转变为“快鱼吃慢鱼”，谁能以最短的时间向顾客提供所需的产品和服务，谁能走在竞争对手的前面，谁就能赢得顾客[109]。

（4）动态优势。在传统产业中，一个企业拥有某一项垄断性的资源，就可能保持长久的竞争优势。在网络产业中，环境复杂多变，技术更新迅速，企业不能认为一旦具备了自己特有的竞争力，就可以一劳永逸。企业竞争力表现为企业相对于对手实现价值而形成的动态持续竞争优势。长期竞争优势是一系列短期竞争优势的叠加，企业必须持续不断地创新。

从以上分析可见，主导设计与企业竞争力有着密不可分的关系，是企业竞争力的重要组成部分。主导设计具有以下几个特征：首先，它具有价值性，主导设计的形成意味着技术推动与市场拉动战略的成功，技术和产品有广泛的市场基础，受到用户的喜欢。换句话说，它们能很好地满足顾客需要、很好地实现顾客所看重的价值。其次，它还具有独特性，通过技术创新而形成的主导设计，其跟进者对技术的消化、吸收、复制在短期内难以做到，同时率先者的技术壁垒还可以通过专利保护的形式而加以巩固．从法律上确定技术垄断的地位。再次，它具有延展性，利用主导设计在不同产品或产业中的扩散和渗透，使企业在一定程度上主导或控制某个或多个产品或行业，能够在一个较长的时期内获得垄断利润和规模经济收益。如英特尔技术是计算机芯片的设计和制造的主导设计，它不仅为全世界电脑商生产芯片，还主动与福特合作，生产汽车内使用的专用芯片，使企业由产品的制造商变成服务与设计能力的销售者。

主导设计价值性、独特性和延展性这三个特征与竞争力的特征是一致的，可以说主导设计的建立过程也就是竞争力培养和建立的过程。拥有主导设计，企业就拥有了持续的竞争优势，就能在相对长的时期内立于不败之地。主导设计是竞争力的重要资源。总之，网络经济是一个崭新的经济，它有着不同于工业经济时代的一些特殊规律。在网络经济环境下企业所面临的竞争也越来越激烈，要想获得长久的竞争优势必须形成自己独特的竞争力，而建立起具有自己知识产权的产品主导设计是一个非常重要的方面。

5.3 基于主导设计演进的持续竞争优势形成

现代企业所处的环境由于各种因素的作用和变化而处于不断的变动之中，环境的动态化严重削弱了企业经营决策与行为可能性预见的基础。在动态的环境中，如果企业只有一种竞争优势且无力新创竞争优势，那么企业在动荡环境中将很难生存。企业要想能够获得持续竞争优势，要求企业能够深刻预见或洞察环境的变化并迅速地做出相应反应，并应该立足于其所拥有的或控制的战略资源、原有的核心能力、企业战略能力、企业家能力，利用各种市场机会进行持续性的创新，超越其所处环境和市场竞争。通过持续性创新，不断超越自己，从其既有的竞争优势迅速地转换到新的竞争优势，超过竞争对手，从而获得基于其整体发展的持续竞争优势。真正的竞争优势在于没有竞争的优势，避开竞争的最好办法就是新创并独占一个领域。也就是说，企业持续竞争优势源自于持续性创新。可以说持续性创新是企业创造和维持其竞争优势的唯一出路。

Patel P.，Pavitt K.（1997）指出：企业不仅希望能够在短期内或某个时点上，可以创造超额收益的竞争优势，而且更希望能长期抵御竞争者的侵蚀，守住或维护已有的竞争优势；不仅在现有市场竞争中拥有优势，在未来的市场竞争中也能创造竞争优势；不仅仅是今天的胜利者，更希望成为明天和后天的胜利者。所以，竞争优势的创造和维持，或持续竞争优势的获取，成为当今战略管理学研究中心和每个企业苦苦追寻的目标[110]。

传统战略管理理论一般认为，竞争优势的持续是指某种既定形式的竞争优势在更长时间内的延续和保持，持续竞争优势是指能够在长期内一直存在或维持的竞争优势。比如，Jay B. Barney 认为，如果尽管有竞争者或潜在进入者倾力模仿它或减少它的优势，而厂商的优势依然存在，那么就是说这种竞争优势是持续性的，即持续竞争优势或持久竞争优势（sustainble/sustained competitive advantage）[39]。波特认为，“一个企业只要能够长时间维持高于其所在产业平均水平的经营业绩，就可以说这个企业具有持续竞争优势”[30]。项保华教授认为，“竞争优势可以是一种短期临时状态，也可以是一种长期存在状态，能够长期存在的竞争优势称为持续竞争优势”[111]。

总的来看，他们都是立足于稳定的社会经济环境，并且认为竞争优势几乎可以直接转为持续竞争优势。他们是基于以下战略的假设前提：现在的趋势将延伸到未来；环境比较稳定；未来可预测；企业资源可以流动等。在这种假设前提下，他们认为经验的连续积累可以成为企业竞争优势的源泉，局部的创新成为企业竞争优势的持续动力。可以说任何一个竞争性企业都可能在某一个时点或某一个方面胜过对手而拥有竞争优势。但面对激烈变化的市场竞争环境，很多竞争优势在竞争对手的模仿和侵蚀下，可能在很短的时间内消散，甚至会成为企业的竞争劣势或障碍。所以说只有在长期的各种环境之中始终都拥有竞争优势的企业，才算真正的拥有持续竞争优势，才能做到基业长青[112]。

因此，本书对持续竞争优势的理解应当从相对静态和绝对动态的角度来看。"持续"本身就有两个含义：一个含义是持续是相对于时间而言的，它表示在一段相对比较长的时间内保持，是相对于所有竞争者的模仿侵蚀来讲的。当一个企业的各种竞争优势不能被现在和未来的所有竞争者的模仿所侵蚀时，它才算是获得持续竞争优势；另一个含义是它是一个不断的保持的过程。在企业发展期内，通过不断地持续创新，能够动态地保持企业的竞争优势也可以说是竞争优势的持续。由此，持续竞争优势实际上包含两个方面的含义：一是企业的某一种具体的竞争优势的持续；二是企业作为一个整体，它的整个发展期内的竞争优势的持续。只要企业作为一个整体，能够在各种环境当中都具有竞争优势，那么就认为它具有持续竞争优势。

对前者来说，如果它所处的社会经济环境比较稳定，并且立足于较为坚实的基础和企业的积极性防御，那么它就有可能"一劳永逸"地延续和保持相对较长的时间。对于后者来说，在动态的环境中，尽管某种既定形式的竞争优势迟早消散，甚至可能演变为竞争劣势或障碍，但是如果企业能够在其发展期内创造出新的竞争优势以替代或补足消散的竞争优势，那么企业就可以在整体上保持竞争优势，从而获得持续竞争优势。可见，持续更准确的说是一个动态的过程。某一种竞争优势现在来讲对企业是具有持续性，但在足够长的时间里，它只有随着时间和环境变化而变化才能够持续下去。在环境的急剧变化过程中，企业更多地应该通过不间断地创新，特别是对企业所拥有的暂时的竞争优势不断创新，以维持企业的整体竞争优势的持续。这对我国企业相对比较缺乏战略远景和竞争力来说更具有指导意义。

所以，企业持续竞争优势是指在各种市场环境中（包括相对稳定和急剧变化的市场环境)，当一个企业能够适时地实施创造高度市场价值的战略，而其他任何现有和潜在的竞争者都无法同时成功地实施这些战略，而且也缺乏进行模仿或“复制”该企业战略所带来的全部收益的知识与能力时，企业就具有持续竞争优势。

5.3.1 基于主导设计演进的持续竞争优势

主导设计作为企业竞争力，当企业通过抓住主导设计而获得持续创新的时候，它就相应形成异质性能力，这种能力能够形成持续竞争优势。这种技术创新能力，反映了网络型企业将资源优势转换成技术优势的能力，是构成企业竞争力的核心要素[113]。随着科学技术的迅猛发展和企业环境的日益多变，产品更新换代速度越来越快，企业建立自己的主导设计、核心技术体系，提高自身核心技术能力已成为企业战略的核心。下面主要从需求方、供给方和产业竞争三方面来分析主导设计怎样导致企业持续竞争优势。

(1) 需求方面。从需求方来看，在网络效应下，主导设计具有正反馈性和锁定作用。控制了主导设计的企业能增加用户价值，吸引更多的用户使用自己的产品；由于锁定作用，企业还能有效防止老用户的流失，从而形成企业的持续竞争优势。

①主导设计的正反馈机制。标准化的结果具有很强的路径依赖性，早期环境的细微差别可能导致完全不同的结果。主导设计的用户基数越大，主导设计的辅助产品开发就会越多；更多辅助产品的用户基数就会增加主导设计的可信度，使其对新用户更具有吸引力，并增加被接受采纳的程度；反过来，主导设计被更广泛采纳又会促进用户基数的进一步扩大。一旦取得足够的支持，积累足够的用户基数，主导设计制定者拥有足够的追随者，“花车效应”就会产生，人们争先恐后登上“花车”。

借助于文献［114］，假设市场上存在两个潜在进入厂商 i 和厂商 j，他们以相同的成本 c 提供相互不兼容（采用不同的设计标准）的网络产品，同时市场上存在大量的消费者，对两种产品的需求函数分别为：

$$p_i = 1 - q_i - q_j + v_i(q_i^e) \tag{5-1}$$

其中，q_i^e 表示用户对使用厂商 i 产品的消费者规模的预期，$v_i(q_i^e)$ 表示对该产品需求的网络外部性效应函数。为了简化分析，但不失一般性，假设网络效应为线性函数，并且两种产品的网络外部性强度分别为 α 和 β（$\alpha,\beta\in[0,1)$），那么，两种产品的市场需求函数可以改写为：

$$p_i = 1 - q_i - q_j + \alpha q_i^e \tag{5-2a}$$

$$p_j = 1 - q_i - q_j + \beta q_j^e \tag{5-2b}$$

进一步，假设厂商通过市场营销手段等能影响消费者的预期，使得 $q_i = q_i^e$，$q_j = q_j^e$。下面，根据本小节的需要，通过序贯进入来分析厂商的进入结果。

假设厂商 i 先进入市场，并向市场提供产品，在市场上成为主导设计，厂商 j 后进入。那么市场结构就变为厂商 i 是在位者，厂商 j 是潜在进入者。根据 Stackelberg 寡头竞争理论，厂商 i 在厂商 j 进入之前选择自己的产量 $q_i\geqslant 0$，厂商 j 根据观察，选择自己的产量 $q_j\geqslant 0$。采用标准的博弈分析方法，对两位厂商的策略进行分析。

对于厂商 j 而言，他的策略就是最大化自己的利润，也即：

$$\max\{(1 - q_i - q_j + \beta q_j^e)q_j\} \tag{5-3}$$

最优化其一阶条件得到厂商 j 的反应函数：

$$R_j(q_1) = \begin{cases} \dfrac{1-c-q_1}{2(1-\beta)}, 0\leqslant q_1\leqslant 1-c \\ 0, 0 < q_1 \end{cases} \tag{5-4}$$

将厂商 j 的反应函数 $R_j(q_1)$ 代入在位者厂商 i 的利润函数 k_i，可以得到：

$$\max k_i = \max\begin{cases} \max\left|\dfrac{(1-c)(1-2\beta)}{2(1-\beta)}q_i + \dfrac{1-2(1-\alpha)(1-\beta)}{2(1-\beta)}q_i^2\right|, 0\leqslant q_i\leqslant 1-c \\ \max\{(1-c)q_i + (1-\alpha)q_i^2\}, 1-c < q_1 \end{cases} \tag{5-5}$$

求解，当 $0\leqslant q_i\leqslant 1-c$ 时：

$$q_i = \begin{cases} \dfrac{(1-c)(1-2\beta)}{4(1-\alpha)(1-\beta)-2}, 0\leqslant\beta\leqslant 1+\dfrac{1}{2(2\alpha-1)} \text{ 且 } 0\leqslant\alpha<\dfrac{1}{4} \\ 1-c, 1+\dfrac{1}{2(2\alpha-1)}\leqslant\beta\leqslant 1 \text{ 且 } 0\leqslant\alpha<\dfrac{1}{4} \end{cases} \tag{5-6}$$

当 $q_i > 1-c$ 时：

$$q_i = \frac{1-c}{2(1-\alpha)}, 0 \leqslant \beta < 1 \text{ 且 } \frac{1}{2} \leqslant \alpha < 1 \tag{5-7}$$

当 $0 \leqslant \beta < 1$ 且 $\frac{1}{2} \leqslant \alpha < 1$ 时，$k_i \left| \frac{1-c}{2(1-\alpha)} \right| > k_i(1-c)$，作为理想的在位厂商 i，他将选择自己的最优产量 $q_i = \frac{1-c}{2(1-\alpha)}$，综合考虑上述分析，得到在位厂商 i 的最优产量为：

$$q_i^* = \begin{cases} \frac{(1-c)(1-2\beta)}{4(1-\alpha)(1-\beta)-2}, 0 \leqslant \beta \leqslant 1 + \frac{1}{2(2\alpha-1)} \text{ 且 } 0 \leqslant \alpha < \frac{1}{4} \\ 1-c, 1 + \frac{1}{2(2\alpha-1)} \leqslant \beta \leqslant 1 \text{ 且 } 0 \leqslant \alpha < \frac{1}{4} \\ \frac{1-c}{2(1-\alpha)}, 0 \leqslant \beta < 1 \text{ 且 } \frac{1}{2} \leqslant \alpha < 1 \end{cases} \tag{5-8}$$

通过数值模拟分析，可以得到如下结论：

当 $0 \leqslant \alpha < \frac{1}{4}, 0 \leqslant \beta < \frac{1}{2}$ 时，这个时候网络效应造成的市场壁垒不高，在位厂商 i 允许进入厂商 j 进入，双方进行 Stackelberg 竞争。

当 $\frac{1}{4} < \alpha < \frac{1}{2}, 0 \leqslant \beta < \frac{1}{2}$ 时，潜在进入厂商 j 不能进入市场，但在位厂商 i 不能获得垄断利润，这种市场结构表现为遏制（entry deterrence）。

当 $\frac{1}{2} < \alpha <, \frac{1}{2} \leqslant \beta < 1$ 时，在位厂商 i 垄断市场，获得垄断利润，潜在进入者 j 不能进入市场将不能获得利润，市场表现为封锁（entry blocked）。

②锁定作用。网络产业中，多数产品处于某个系统中，这要求单件产品之间互联互通。用户在购买某件产品之后，通常还要购买其辅助产品，并且学习相应的使用方法。此时，用户向某特定系统投入各种补充和耐用型资产，便会产生“锁定”。锁定程度与早期投入（即转移成本）有关，投入越多则锁定程度越高。从长期来看，技术升级、产品升级是必然趋势，但何时升级以及升级到哪一代，最终决定权还在用户手中。若老产品还能正常工作，且新产品所带来的价值增量不能抵消转移成本，理性消费者的最佳策略是“等

待”，而不是立即购买（表 5-1)。巨大转移成本使用户很难频繁改变主导设计，一旦因此而推迟更新，进而继续购买的补充产品将使其“越陷越深”。用户加入该种主导设计所获取的价值依赖于未来长时间内网络规模的实际增长，一个理性的用户在选择软件产品时，必然会对网络规模的增长前景和辅助软件产品的可获得性、价格水平与质量进行预期。一般来说，用户会选择预期效用的主导设计。当然用户的这种预期是有一定基础的，由于当前用户基数会直接影响未来网络规模的增长，所以消费者预期的基础就是某主导设计的当前用户基数。鉴于这一点，网络产品生产商获得用户的主要办法就是让消费者相信其主导设计的当前用户基数。

表 5-1　　锁定及相关转移成本

锁定的类型	转移成本
合同义务	补偿或毁约损失
耐用品的购买	设备更新，随着耐用品的老化而降低
针对特定品牌的培训	学习新系统，既包括直接成本，也包括生产率的损失；随时间而上升
信息和数据库	把数据转换为新格式，随着数据积累上升
专门供应商	支持新供应商的资金；如果功能难以维持，会随时间上升
搜索成本	购买者和销售者共同的成本，包括对替代品质量的认知
忠诚顾客计划	在现有供应商处失去的任何利益，加上可能的创新积累使用的需要

(2) 供给方面。从供给方来看，大量的用户使用主导设计下的产品，主导设计的制定者将获得规模经济，降低成本；同时，由于企业生产大量的产品，在学习效应下，产品成本会进一步降低，企业获得动态规模经济。所以，掌握主导设计的企业较之其他企业有更低的生产成本，从而形成持续竞争优势。

①规模经济。规模经济是指随着生产和经营规模的扩大而出现的成本下降、收益递增的现象，或称递增的规模效益[115]。一般主要有以下三种情况：采购的规模经济。因一次大批量采购而引起采购成本的下降。比如价格的数量折扣，谈判和签订合同的时间节约；生产的规模经济。就是随着生产规模的扩大，分摊到单个产品上的厂房设备、经营管理等固定成本就会减少；储藏的规模经济。即由于投入品采购后，产品出售前的集中存放，因存放数量的增加而使单位储藏成本减少。许多软件产品具有明显的规模经济，当硬件产品市场规模越大时，对软件产品的需求量也越大，在规模经济的推动下，软件产品的成本和价格越低，从而增加了硬件产品的价值。例如生产第一套Windows操作系统盘片花费了Microsoft公司5000万美元，随后生产每一套盘片仅需5美元，而现在用几美分就够了。

②动态规模经济。动态规模经济又称为学习效应，规模经济与产品现期的市场销售量有关，而动态规模经济则与产品累计的市场销售量有关[116]。许多软件产品具有明显的学习效应，当硬件产品市场规模越大时，对软件产品的需求量也越大。在学习效应的推动下，软件产品的成本和价格越低，从而增加了硬件产品的价值。例如计算机软件就是一个具有明显的学习效应的市场。一项技术被采用的越多，发展的就越快；采用的效果越好，效率也就越高。一旦一项技术被采用，就会有销售收入，这些收入可以用来投资于进一步的研发、对原有技术进一步改进。而且，随着该技术经验积累的增多，就可以寻找到更为有效的使用该技术的方法，包括组建一个可以提升技术采用的组织体系。这样，技术被采用得越多，就会变得越好。“学习效应”的一个很好的体现就是有关生产率或成本的累积生产效应——学习曲线。每当生产者重复一个生产过程时，他们将会使得它更有效率，通常提出新的技术方案就会减少生产成本或降低废品率。研究机构学习的学者们通常用积累产出函数来模拟学习曲线，表现为：随着产量的增加，绩效会增长或成本会降低，但无论绩效增长率还是成本降低率都随产量的增加而减少[117]。

一个公司在前期培训上的投资可以通过增进公司的学习能力而提高未来的学习效率。学习能力是指当人们学习之后，就会增加他们未来吸收信息的能力。一个公司的前期相关培训提高了它识别未来信息价值的能力，并能有效的利用这些信息。比如，在开发一项新技术的时候，公司通常在找到有效地解决办法之前都尝试过一些不成功的技术或配置。这些试验在公司内部会形成一些基本的经验，包括各个关键的组件的性能，哪一方案更容易成功，公司在什么类型的项目上更容易获得成功等。这些经验知识能够促进公司更快地对新材料、新技术、新方法做出评价。学习能力效应表明，公司如果在其他公司之前开发出新技术可以获得先发优势。那些不愿意在技术开发方面进行投资的公司会发现，采用后期技术开发策略会更困难，成本也会更高。这就部分地解释了为什么企业一旦在技术开发上落后了，就很难赶上。总的说来，就某一技术而言，采用它的公司越多，对它改进得越多，与这个技术相关的学习能力积累就会越多，与之相关的技术开发也会更加有效率、有效果。而且，随着公司开发互补技术来提高和新技术的生产率和适用性，这个技术就会对其他公司有更强的吸引力。总之，学习效应表明，早期的技术提供者由于有足够的时间来进行技术改进，他们与后来的技术提供者相比，往往具有先发优势。

5.3.2 基于产品主导设计演进的持续竞争优势动态模型

经济学家约瑟夫·熊彼特认为：熊彼特租来源于企业的生产方式创新、组织制度创新与技术创新，一个企业要维持竞争优势就必须依靠持久不断的创新，即企业的经济租要靠不断出现的熊彼特租来维持。所以，创新也是企业获取持续竞争优势的关键因素之一[11]。从耗散结构论可知，外部环境对企业有着不可忽视的作用，为企业提供机会，也给企业带来威胁，并不断地与企业进行着物质、能量和信息的交换，是企业负熵流的重要来源。在动荡的环境中，企业孤立地运用自身的资源和能力是不能够长期保持竞争优势的，外部环境的变化要求企业内部要素的优化和更新，企业需通过新的和更有利润的路径完成猜测搜寻过程来适应新环境，不断地从外部环境中导入负熵流，否则企业在遭遇环境状况突变时，竞争优势很可能会消散。但是，企业也并不是单纯地被动适应不断变化的环境，在对环境变化做出反应的同时，也要制定有效的策略在市场环境中取得主动的竞争地位，甚至改变市场竞争规则[118]。企业所处的外部环境包括由政治、技术、社会、文化环境等组成的宏观环境和由竞争对手、客户、供应商等组成的行业环境。产业组织理论认为行业是企业经营最为直接的环境，因为宏观环境对企业施加的影响是通过行业环境而产生作用的。因此，相对于宏观环境而言，行业环境对企业持续竞争优势形成的影响更为重要，即行业环境是影响企业获取持续竞争优势的关键因素之一。基于以上分析，本书将创建企业持续竞争优势的主要因素分为内外两个维度，并将异质性资源、特异能力、创新和行业环境作为四个关键维度要素，其结构模型如图 5-1 所示。

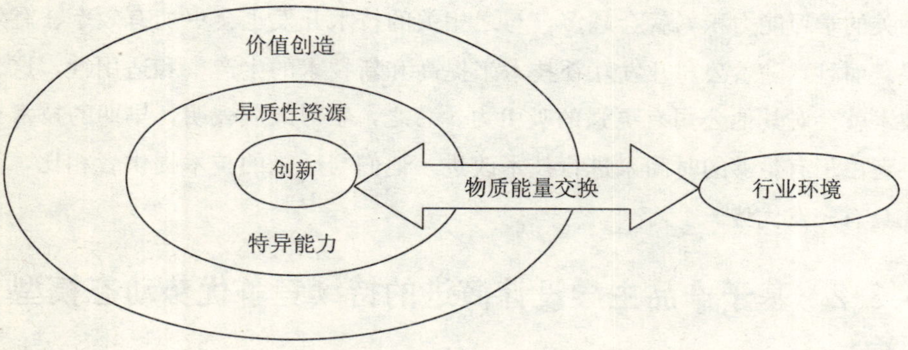

图 5-1　企业持续竞争优势动态模型

图 5-1 显示异质性资源是企业竞争优势形成和企业持续发展的重要能源；特异能力是将一组资源组合起来使用的独特有效的方式和技能；创新是持续竞争优势形成和企业生存发展的强大推动力；资源、能力和创新的有效结合就是价值创造的过程，这是贯穿企业经营活动始终的主线和企业生存的根本；行业环境不断地和企业进行着物质与能量的交换，是企业负熵流的重要来源，也是企业生存和发展的重要因素。如果企业能够保持异质性资源、特异能力、创新这三个要素不断的优化和更新以减少企业内耗，增加企业有序度，并能够从外部环境中不断引入知识、资源、信息等负熵流，在突变的分支点上能够大胆变革，企业的竞争优势才有可能达到动态

的平衡，才可能持续和发展。在耗散结构中，系统各要素之间存在着复杂的非线性相干作用。非线性相干作用是时空中不均匀的、非对称的作用，是可以产生增量、非守恒量的相互作用。非线性相干作用使企业系统内部诸要素的独立性完全丧失，互为因果，形成双向信息传递的循环关系，从而使微小涨落越长越大，直至形成巨涨落。

在动态的环境中，如果企业只有一种竞争优势且无力新创竞争优势，那么企业在动荡环境中将很难生存。在动态环境中，企业要想能够获得持续竞争优势，就不能只是凭借其战略资源、核心能力等被动地适应环境，而是要求企业能够深刻预见或洞察环境的变化并迅速地做出相应反应。并应该立足于其所拥有或控制的战略资源、原有的核心能力、企业战略能力、企业家能力和优秀的企业文化利用主导设计演进，顺着行业技术轨道进行持续性创新，超越其所处环境和市场竞争。通过持续性创新，不断超越自己的，从其既有的竞争优势迅速地转换到新的竞争优势，超过竞争对手，从而获得基于其整体发展的持续竞争优势。真正的竞争优势在于没有竞争的优势，避开竞争的最好办法就是新创并独占一个领域。也就是说，企业持续竞争优势源自于持续性创新，所以说持续性创新是企业创造和维持其竞争优势的唯一出路。

当企业通过抓住主导设计而获得持续创新的时候，它就相应形成异质性能力，这种能力能够形成持续竞争力。这种技术创新能力，反映了网络型企业将资源优势转换成技术优势的能力，是构成企业核心竞争力的核心要素。随着科学技术的迅猛发展和企业环境的日益多变，产品更新换代速度越来越快，企业建立自己的主导设计、核心技术体系，提高自身核心技术能力已成为企业战略核心。

另外，主导设计很多都表现为专利技术。根据资源学派对资源的定义可以理解到：专利是企业所拥有的能够提高企业战略执行效率和效能的一种资产、信息、知识，它是企业所控制的促进战略实施以提高企业效率和效能的重要因素。Wernerfelt（1984）归纳出战略资源的四大类型：有价值的资源、稀缺的资源、不完全模仿的资源、不完全替代的资源，即战略资源只能是异质性的、不完全流动性的资源[35]；Barney（1991）将企业资源分成三类：物质资本资源、人力资本资源和组织资本资源[39]；Barney（1992）进一步认为支撑竞争优势的资源应该是有价值、难以模仿、组织导向的稀缺资源[119]；Dierickx 和 Cool（1989）指出支撑竞争优势的资源应该是不可交易的、企业专属的资源。尽管各种研究文献对“资源”这一概念的理解不同，但是它们都十分强调资源所具有的“隔离机制”（Wernerfelt 将其定义为“资源位障碍”，1984）特性。他们认为这种机制是维持可持续性“经济租”（Economic Rents）的重要法宝，它可以使“经济租”的来源完全不能被仿制或者难以被仿制。技术专利权本身具有极强的专属性，即具有法律认可的垄断性。这种法定的独占权往往可以发挥“隔离机制”的作用，使技术专利权人在某一市场上形成垄断或者支配地位，并获得可持续性的“经济租”[120]。Miller 和 Shamsie（1996）将技术专利这样的资源称为是以“产权为基础的资源”，即技术专利权人对专利享有清楚的产权，其他人在没有技术专利权人许可的前提下不得利用这些技术专利[121]。Hall（1992）认为法律的保护使得技术专利具有高度的不可模仿性。一旦技术专利被授权，任何模仿均是法律所不允许的。因此，法律所赋予技术专利的极强专属性和高度不可模仿性，无疑使其成为了企业竞争优势的源泉[122]。

5.4 本章小结

本章界定了网络型企业竞争力的内涵和特征，认为除了具备一般竞争力的特点外，网络型企业竞争力还具有基于主导设计、客户数量导向、追求速度和动态优势四大特征。主导设计与企业的核心技术能力、组织协调能力和对外影响能力相互间有密不可分的关系，是竞争力的重要组成部分。主导设计价值性、独特性和延展性这三个特征与竞争力的特征相一致，可以说主导设计的建立过程也就是竞争力培养和建立的过程。竞争力是企业获取持续竞争优势的基础，一旦企业捕捉到主导设计，就可以从需求、供给和产业竞争三个方面获得持续竞争优势。所以网络型企业必须以主导设计为核心，培育企业竞争力，采用基于主导设计的战略，才能最终获得持续竞争优势，在市场的激烈竞争中立于不败之地。

6 网络型企业竞争力评价指标体系构建

根据科学性、主导性、可比性、区域性与行业性、动态成长性、系统性、定量指标与定性指标相结合七个原则，从竞争力的构成要素来建立核心技术能力、核心管理能力、核心制造能力和核心市场能力四个评价指标体系，并对网络型企业评价指标定量分析及主要成分分析。

6.1 评价指标体系建立原则

竞争力是参与者双方或多方的一种角逐或比较而体现出来的综合能力。它是一种相对指标，必须通过竞争才能表现出来，不能笼统地说竞争力有大有小或强或弱。但真正要准确测度出来又是比较难的，尤其是企业竞争力。竞争力是对象在竞争中显示的能力。因此它是一种随着竞争变化着的又通过竞争而体现的能力。竞争力反映对象的现在，但它也是对象未来可以展示的能力。要测定竞争力需要确定一个测定目标时间。要评价竞争力，需要确定一个比较竞争力的群体，根据目标时间在竞争群体中的表现评价它。测定和评价竞争力可以采用未来研究方法，但竞争力测定的是对象“现在”中包含的“未来”。因此，科学地设置评价指标是关键[123-133]。

指标体系是评估的标准，只有采用统一的方法，才能对网络型企业的竞争力做出正确的评估，只有具有可比性的计算结果，才可能对正确决策予以支持。因此在设置指标体系时必须坚持以下原则：

（1）科学性原则

指标体系的科学性是确保评估结果准确合理的基础，建立网络型企业竞争力的指标体系，必须符合研究的目的和任务。考虑网络型企业核心能力元素及指标结构整体的合理性，从不同侧面设计若干反映竞争力状况的若干指标，并且指标要有较好的可靠性、独立性、代表性、统一性。

（2）主导性原则

由于网络型企业生产经营系统十分复杂，涉及面很广，但并不意味着不分主次地将所有可能的方面都包括进来，而是应该经过认真的调查，仔细的分析，抓住系统的主要方面。而对那些与系统主要行为不十分明确的方面，可予以简化或省略；同时对采用的指标也应设置不同的权重，这样才能突出重点。

（3）可比性原则

建立的竞争力指标要在网络型企业内普遍使用，其所涉及的经济内容、空间范围、时间范围、计算口径、统计方法应可比，既便于网络型企业的横向比较，又便于网络型企业的纵向比较。

（4）区域性与行业性原则

我国地域辽阔，各地经济状况相差很大，企业整体水平参差不齐，因此建立评价指标时应考虑到各地的经济特征。同时，不同的企业，其外部环境、内部条件等相差很大，所以，对所有行业用统一的指标是不妥当的。当然过细的划分行业，过细的设置指标，又有一定的难度。

（5）动态成长性原则

由于网络型企业竞争力的宏观影响因素和微观影响因素总是处于不断的发展变化之中，导致网络型企业竞争力会不断地发生变化。因此，对竞争力的测定不仅要分析过去与当前竞争行为的业绩，还要研究发展的后劲、潜在的竞争力，同时还要预测未来的竞争力。

（6）系统性原则

影响网络型企业竞争力的因素很多，对它的评价不能只考虑某一单项因素，必须采用系统设计、系统评价的原则，从不同角度对企业的生产经营活动进行全方位的评价剖析，以便总结经验教训，促进竞争力提高，全面客观地作出对竞争力的评估。

(7) 定量指标与定性指标相结合原则

由于网络型企业竞争力的评价问题比较复杂，许多因素不能量化，要根据实际情况，采取定性指标与定量指标相结合的方式。因为，定量指标是显性的，只代表企业的过去和未来；定性指标是内在的，具有前瞻性和个性化特点，对未来的把握优于硬指标。

6.2 评价指标体系构成

目前竞争力评价指标体系可以从竞争力的构成要素来建立，也可以从竞争力的本质特征出发来建立，目前绝大多数的文献都采用了前一种方法来建立。如李庆东、李艳杰等从核心技能、应变能力、组织协调能力、企业影响力四个方面建立了二级指标；郭斌等认为企业核心能力审计指标体系应由企业战略管理能力、企业核心制造能力、企业核心技术能力、企业组织与界面管理能力、企业核心营销能力、企业经济绩效与产业动态六个方面构成，共建立了45个二级指标、105个辅助指标[134]；万伦来、达庆利等从规模竞争力、市场开拓竞争力、管理竞争力和技术创新竞争力四个方面设立了指标[135]。

网络型企业竞争力是一个复杂和多元的系统，只有对其进行全局性、整体性的评估，才能真正了解网络型企业竞争力的现状，发现企业自身的竞争优势与劣势，保证在制定、实施竞争力战略时有的放矢。本书出于实用性考虑，基于竞争力的内涵、本质及特征，从网络型企业的本质特征这一角度出发来建立指标体系。选取了核心技术能力、核心管理能力、核心生产能力和核心市场能力四个方面来构建网络型企业竞争力评价指标体系。

在构建具体的二级指标时，首先必须清楚竞争力的构成要素，它是竞争力的内涵、识别、培育、保护以及运用等诸多方面研究的基础。邓修权等对中国期刊网中222篇有关竞争力的文章做了统计调查，统计结果表明，我国学者提出或提到的竞争力构成要素共有31种，有些指标出现的频率比较多，其中15个指标具有较高的被认同程度（见表6-1）[136]。在参考表6-1和其他学者的研究成果的基础上，按照评价体系设计的原则，初步建立了网络型企业竞争力的评价指标体系。从此角度进行的评价明了、直观，而且指标简单，操作方便，使用价值高。

表6-1　具有较高认同度的竞争力构成要素

资源要素		能力要素		
软资源	硬资源	经营管理能力	技术创新能力	其他类
组织结构 管理系统 企业文化 知识 技术 构成	人员	界面管理能力 协调运作能力 决策能力 市场营销能力	转化能力 研究开发能力 不断创新能力	响应能力 前线执行能力

6.2.1 核心技术能力

核心技术能力是网络型企业存在的根本和基础，网络型企业竞争力极大的体现在技术竞争力上。这里的核心技术能力包括R&D能力、知识产权能力、技术转化能力和技术保护能力。其中R&D能力通过企业科技人员比重、R&D经费比重等指标来具体体现，知识产权能力从专利拥有比例、科研成果产出等来体现，技术转化和保护能力也有相应的指标来评价。网络型企业核心技术能力评价主要包括以下指标，如图6-1所示：

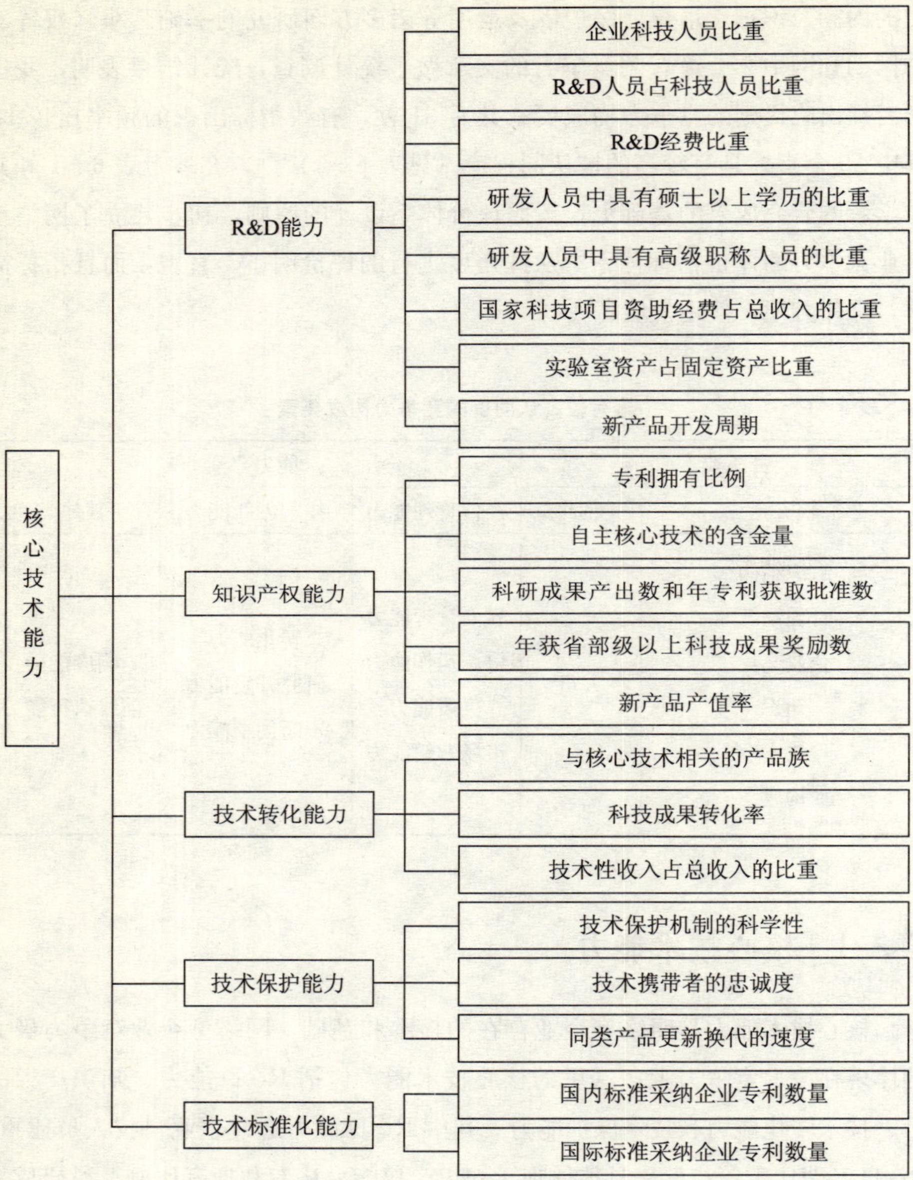

图 6-1　网络型企业核心技术能力评价指标体系

（1）R&D 能力。该指标为一级指标，具体有以下内容：①企业科技人员比重=企业科技人员总数/企业职工总数，该指标反映了企业科技力量和整体科技素质，比例越大，说明企业科技力量和科技整体素质较高；②R&D人员占科技人员比重=企业直接从事R&D人数/企业科技人员总数，该指标反映企业投入R&D人力状况，比例越大，R&D能力越强；③R&D经费比重=企业R&D经费数额/企业销售收入总额，该指标反映企业用于R&D的资金能力，比例越大，R&D能力越强；④研发人员中具有硕士以上学历的比重；⑤研发人员中具有高级职称人员的比重；⑥国家科技项目资助经费占总收入的比重；⑦实验室资产占固定资产比重；⑧新产品开发周期，指产品从构思、设计到生产出来的平均时间，时间越短，R&D能力越强。

（2）知识产权能力。该指标为一级指标，具体内容如下：①专利拥有比例=企业拥有专利数量/行业拥有专利数量，该指标反映企业R&D能力的效果和科技水平领先程度；②自主核心技术的含金量，指从获奖状况、授权专利情况、科学技术成果鉴定水平等分析自主核心技术的含金量；③科研成果产出数和年专利获取批准数，越多代表知识产权能力越强；④年获省部级以上科技成果奖励数，越多代表该项能力越强；⑤新产品产值率=同期内新产品总产值/一定时期内全部产品的总产值，该指标反映企业技术开发的实绩。

（3）技术转化能力。①与核心技术相关的产品族，反映企业核心技术的衍生和科技开发和转化能力，由专家评出；②科技成果转化率，科技开发项目经过鉴定而在生产经营活动中真正得到实际应用的科技成果数（百分率）；③技术性收入占总收入的比重，比重越大，说明创新技术的转化能力在财务上的体现越明显。

（4）技术保护能力。①技术保护机制的科学性越强，对公司内部的技术保护能力就越好。技术保护机制的科学性，反映企业技术保护与防范系统的健全性与有效性程度，由专家评出；②技术携带者的忠诚度，反映核心技术携带者对企业的忠诚程度，由专家评出；③同类产品更新换代的速度则反映了企业综合技术能力，更新速度越快，竞争对手越难超越，该指标由专家做出评价。

（5）技术标准化能力。①国内标准中所采用该企业的专利越多，说明这个企业在国内具有很强的影响力；②国际标准中所采用该企业的专利越多，说明这个企业在国际上具有很强的竞争力。

6.2.2 核心管理能力

核心管理能力是网络型企业竞争力评价指标的重要组成部分，它包含了企业战略管理能力、组织协调能力、人力资源管理能力、文化力、财务能力五方面的指标，这五种能力在网络型企业运营过程中起着规划决策、调配资源等重要作用，是企业获得竞争优势的基础（图 6－2）。具体阐述如下：

（1）战略管理能力。该部分包括战略规划能力、战略决策能力和战略控制能力三种指标。发展战略是对公司发展整体性、长远性、基本性的谋略，是公司发展中长期计划的灵魂与纲领。制定公司发展战略，是一项复杂的、高度民主综合的创造性思维活动，要求公司高层经营管理者要有统管全局、驾驭全局的能力，具有很强的战略思维能力和预见能力。战略规划能力，反映企业战略目标的合理性及战略实施方案的实用性或可操作程度，由专家评出；战略决策能力，反映企业决策制定方式的合理性及其与战略目标的相互协调性程度，由专家评出；战略控制能力，反映企业战略目标执行与完成情况，由专家评出。

（2）组织协调能力。包括组织结构的优化程度和控制系统的有效性。组织结构的优化程度，反映企业组织层次的合理性及其管理幅度的合理性程度，如发展战略与决策机制科学性、组织机构合理性、制度健全性和科学性以及信息化和办公自动化水平等，由专家评出；控制系统的有效性，反映企业从生产、管理到技术研发整个流程运作中控制系统的有效性程度，也由专家评出。

（3）人力资源管理能力。此部分包括员工激励制度完善程度、员工教育与培训费用、员工综合素质状况、员工层次与结构、员工文化程度和员工的专业技能等几方面的指标。其中，员工综合素质，该指标从核心员工的职业道德、工作经验、知识结构、创新意识等几个方面来考察企业的核心员工具备的素质。员工层次与结构，该指标从员工的年龄结构、知识水平结构来衡量企业员工的层次与结构是否合理。员工文化程度，该指标含义为具有大专以上学历者占企业人员总数的比例。员工的专业技能，该指标主要从企业人员的创新能力以及在工作中能否熟练运用各种促进效率提高的工具和方法来考查其专业技能。

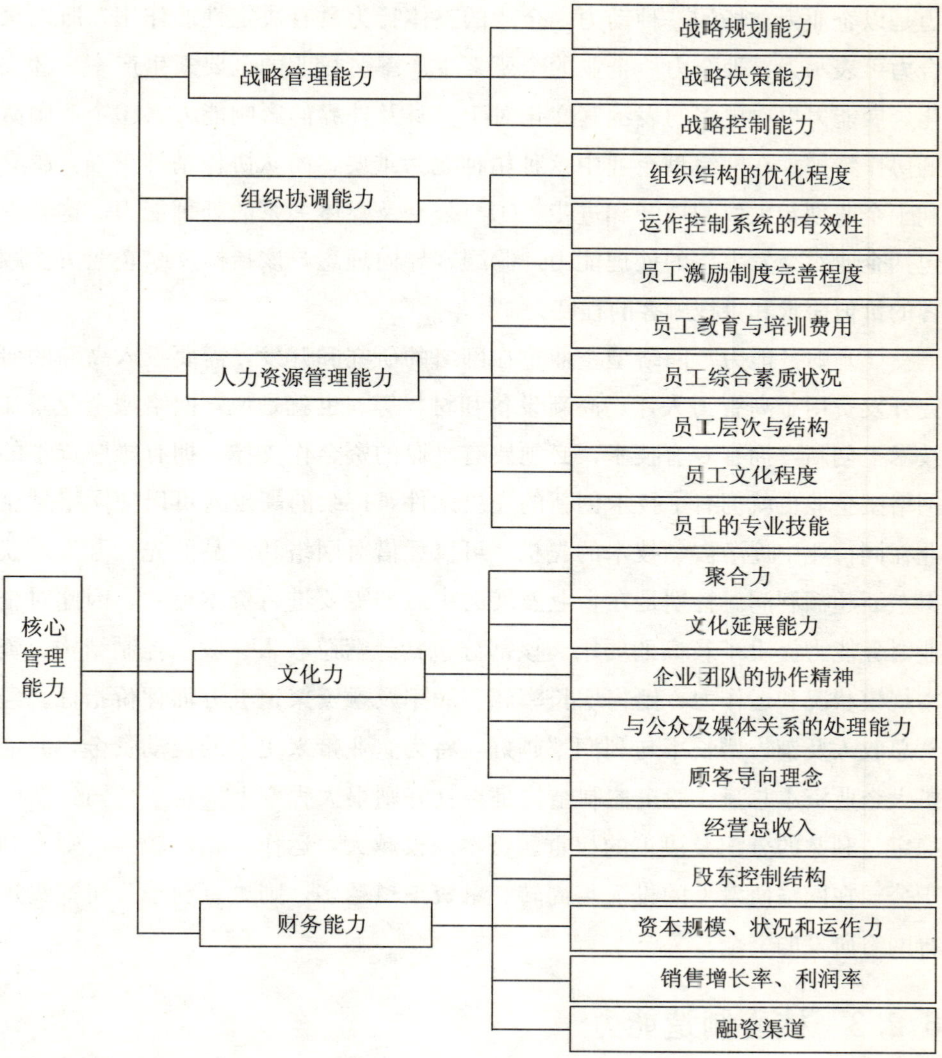

图 6-2 网络型企业核心管理能力评价指标体系

（4）文化力。包括聚合力、文化延展能力、企业团队的协作精神、与公众及媒体关系的处理能力及顾客导向理念五方面指标。①聚合力指企业培养企业文化，使企业群体建立共同的价值观念、道德标准和经营理念从而形成的内聚力。它包括领导班子的团结进取和职工群众的凝聚力，因而企业聚合力是以企业为立场的一种动力，企业的整体行为具有决定性的作用，所以聚合力可表示为：聚合力＝企业的全要素生产率／行业的全要素生产率。②文化延展能力再次更多的表示其文化对于自身及外界的影响能力。③企业团队的协作精神，在网络型企业中这种精神尤为重要，团队协作精神越强，越有利于企业创新工作的展开和进步。④与公众及媒体关系的处理能力，这其中包括企业对突发事件的处理能力。⑤顾客导向理念，该指标反映企业关注顾客的价值需求和重视顾客的程度。

（5）财务能力。网络型企业重在网络的研究和开发，需要投入高额的研究开发费用于高智力人才、高新设备和材料等。也就是说，网络型企业要在技术上创新，拥有专有技术，必须要有雄厚的资金作支撑。拥有雄厚资本的网络型企业也就拥有了技术创新的先决条件，持续的高投入可以使网络型企业在同行业中逐渐占领技术的先机，可以凭借对网络和产品的先行开发，获得垄断超额利润。特别是在企业发展的中后期需要进行资本运营。因此对企业财务能力提出了较高的要求。该部分包括经营总收入、股东控制结构、资本规模状况和运作力、销售增长率和利润率及融资渠道五方面评价指标。经营总收入及销售增长率与利润率越好，将为企业带来更多的流动资金，并能扩大企业资本总量。股东控制结构是否良好则很大程度上决定了公司经营的稳定、利益的分配及决策的权重。资本规模越大，运作力相对较强，则有利于公司在网络研发上的投入与周转。融资渠道越多，则更有利于公司筹集进行网络研发的资金。

6.2.3 核心制造能力

企业核心制造能力包括产品成本控制能力、产品生产能力和质量控制能力三方面，该方面的能力为网络型企业从技术创新到市场的转化起到过渡和实现的作用，具体阐述如下：

（1）产品成本控制能力。包括产品成本水平、主要生产设备先进水平和成本控制系统的科学性三方面指标。①产品成本水平：反映企业产品成本优势程度，可根据“产品成本/该产品行业平均成本”来确定；②主要生产设备先进水平：反映企业生产设备的先进程度，由专家评出；③成本控制系统的科学性：反映企业成本控制系统的健全性和有效性程度，由专家评出。

（2）产品生产能力。包括生产能力有效利用率、生产周期和生产规模。①生产能力有效利用率＝有效的生产能力利用规模／总平均生产能力，该指标反映了企业现有生产能力所生产的产品在市场销售中所实现其价值的程度，是企业组织协调能力的外在表现。有效的生产能力利用规模是指在一定时期生产的产品中实际销售的产品数量相对应的生产能力利用规模。②生产周期：反映企业产品从投产至完工所需的时间，由专家评出。③生产规模：从产品数量方面反映企业生产能力状况，由专家评出。

（3）质量控制能力。包括产品质量保证体系、产品制造工艺水平和产品合格率。①产品质量保证体系：反映企业质量保证体系的健全性和有效性，由专家评出；②产品制造工艺水平：反映企业产品制造工艺的先进程度，由专家评出；③产品合格率：反映企业产品的合格程度，可根据企业“全年合格产品数量/全年产品总数量”来确定；④产品标准化能力越强，说明产品的质量越高，达到行业标准或者国际标准，并且能够得到认证。

网络型企业核心制造能力评价主要包括以下指标（图6-3）：

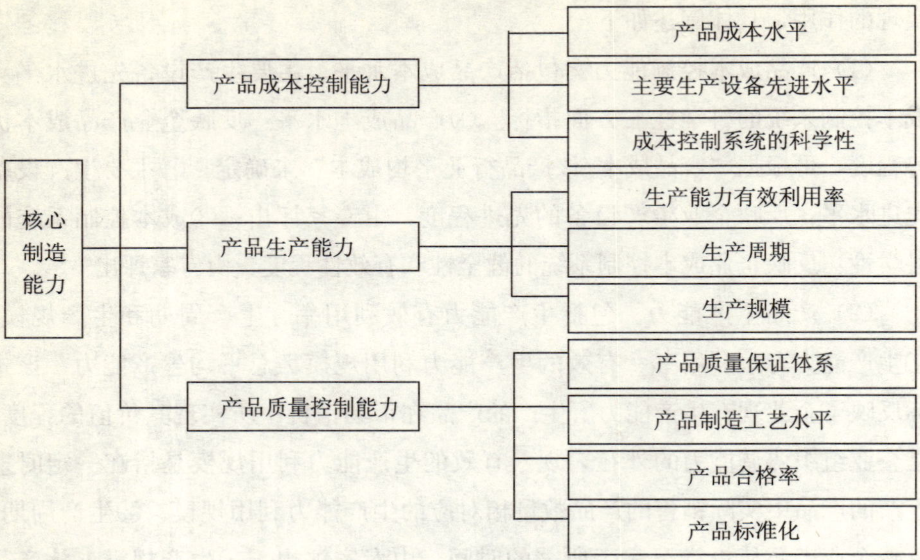

图 6-3 网络型企业核心制造能力评价指标体系

6.2.4 核心市场能力

核心市场能力是网络型企业从科技创新，到投入生产，再到最终实现赢利的关键一环，它包括市场占有能力、市场发展能力和企业影响力三方面的评价指标，具体阐述如下：

（1）市场占有能力。包括以下指标：①核心产品市场销售区域覆盖率，反映企业核心产品市场销售区域覆盖程度，可根据“企业核心产品销售地区数/行业同类产品销售地区总数”确定；②核心产品市场占有率，反映企业核心产品的市场渗透能力，可根据“企业全年核心产品销售额/行业对应产品销售额”确定；③产品销售增长率，反映企业核心产品市场扩张程度和增长速度状况，可根据“企业本年核心产品销售额/上年核心产品销售额”确定。

（2）市场发展能力。包括市场检测能力、市场公关能力和市场创新能力三方面指标，具体含义如下：①市场检测能力：反映企业市场部门对市场需求及其变化的调研能力，由专家评出；②市场公关能力：反映企业市场部门同顾客、中间商等进行有效沟通，建立良好关系的能力，由专家评出；③市场创新能力：反映企业发现可以带来价值创新的市场机会，并加以利用的能力，由专家评出。

(3) 企业影响力。包括产品美誉度与核心产品的品牌知名度两方面指标。①产品美誉度：对企业信赖或有好感的人数/对企业认知的人数，该指标说明企业产品及服务给社会和消费者带来的好处；②核心产品的品牌知名度：反映企业核心产品被公众认可的程度，由专家评出。

网络型企业核心市场能力评价主要包括以下指标（图 6-4）：

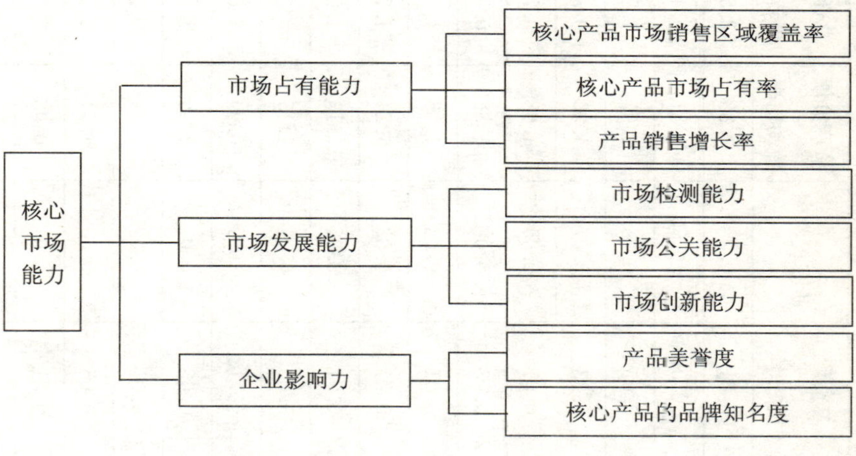

图 6-4 网络型企业核心市场能力评价指标体系

6.3 网络型企业竞争力评价指标体系定量化

本书试图从以下方面突破，对诸多影响网络型企业竞争力的因素进行主成分提取分析，得出直接影响技术创新的因素起关键作用的结论。本书从 2006 年电子信息百强企业名单中选取国内上市比较有代表性的 30 家数据进行分析。资料选取主要来自下列企业主页、中证网和国家知识产权局主页。数据具有较高的准确性和权威性，为研究的科学性奠定了基础。如表 6-2 所示：

表 6-2　　中国 30 家企业相关信息表

排序	单位名称	总资产报酬率	所有权益率	资产负债流动比率	总资产周转率	专利数量	研发投入比例	营业收入（万元）
1	海尔集团公司	0.04	0.06	3.33	2.57	158	0.04	10162893
2	京东方科技集团股份有限公司	−0.09	−0.50	0.81	0.47	67	0.02	4510657
3	美的集团有限公司	0.05	0.15	1.07	1.83	35	0.03	3004732
4	熊猫电子集团有限公司	0.03	0.07	1.30	0.33	31	0.01	2800388
5	海信集团有限公司	0.01	0.05	1.68	0.76	99	0.05	2729319
6	中兴通讯股份有限公司	0.03	0.08	1.82	0.97	1516	0.10	2269815
7	康佳集团股份有限公司	0.01	0.03	1.35	1.33	12	0.05	1336252
8	宁波波导股份有限公司	0.01	0.02	1.24	1.77	2	0.05	1024599
9	清华同方股份有限公司	0.01	0.05	1.13	1.03	189	0.06	832356
10	青岛澳柯玛集团总公司	0.00	0.01	1.15	0.30	6	0.05	747066
11	厦门华侨电子企业有限公司	−0.13	−0.90	0.99	2.08	26	0.03	734108
12	深圳桑达电子集团有限公司	0.03	0.07	1.56	1.26	1	0.00	695034
13	华东电子集团	0.01	0.02	0.49	0.22	5	0.04	644977
14	许继集团有限公司	0.03	0.06	1.41	0.67	33	0.06	519221
15	夏新电子有限公司	0.01	0.04	0.95	1.29	11	0.06	508250
16	永鼎集团有限公司	0.02	0.06	1.16	0.57	2	0.02	502251

续 表

排序	单位名称	总资产报酬率	所有权益率	资产负债流动比率	总资产周转率	专利数量	研发投入比例	营业收入（万元）
17	上海华虹(集团)有限公司	0.02	0.02	5.51	0.33	300	0.07	480787
18	上海宏盛科技发展股份有限公司	0.02	0.23	1.13	2.20	0	0.00	363316
19	浙江浙大网新科技股份有限公司	0.03	0.10	1.33	1.23	2	0.08	354741
20	大恒新纪元科技股份有限公司	0.02	0.06	1.53	1.35	1	0.05	314459
21	清华紫光股份有限公司	0.01	0.02	1.37	2.07	48	0.02	310557
22	江苏中天科技集团	0.02	0.06	1.37	0.68	8	0.05	247500
23	东软集团有限公司	0.03	0.06	2.02	1.03	71	0.16	243984
24	广州七喜电脑股份有限公司	0.04	0.09	1.62	2.56	0	0.00	235386
25	航天信息股份有限公司	0.11	0.17	3.20	1.15	1	0.02	202715
26	华伦集团	0.02	0.07	0.79	0.44	0	0.03	188370
27	宁波韵升(集团)股份有限公司	0.05	0.12	1.07	2.33	0	0.02	164666
28	上海自动化仪表股份有限公司	0.01	0.04	0.91	0.96	17	0.02	135814
29	上海宝信软件股份有限公司	0.09	0.18	1.80	1.56	39	0.00	131238
30	广东风华高新科技股份有限公司	0.01	0.02	1.28	0.55	32	0.06	126380

6.3.1 电子信息企业经营状况分类统计分析

为了反映企业数据的整体特征，必须对数据进行描述性统计，这是进行其他统计分析的基础和前提。这样以后可以对企业的总体特征有比较准确的把握，从而可以选择其他更为深入的统计分析方法。

在描述性统计中，财务数据来自企业主页披露财务报告、中证网财务数据及国家知识产权局主页，然后运用 Excel 和 SPSS 进行描述性统计（表6-3）。

表 6-3　　30 家公司相关信息统计分布表

统计指标	总报率	净报率	流动比率	总周转率	专利量	研发比率	营业收入
N　Valid	30	30	30	30	30	30	30
Missing	0	0	0	0	0	0	0
Mean	0.0183	0.0203	1.5457	1.1963	90.40	0.041487	1217394.37
Std. Deviation	0.04235	0.20933	0.96155	0.70875	277.464	0.0324295	1999664.383
Variance	0.00179	0.04382	0.92457	0.50233	76986.24	0.0010517	3998657643399.8

根据描述性统计结果，可以得出网络型企业总体特征指标如下：

（1）总资产报酬率，均值为 0.0183，样本的方差为 0.00179，标准差为 0.04235。相对而言，样本的整体波动性较大，说明总资产报酬率这个指标在网络型企业的个体之间存在较大差异。

（2）净资产报酬率，均值为 0.0203，样本的方差为 0.04382，标准差为 0.20933。可以看出，净资产报酬率标准差偏大，样本整体波动很大，说明网络型企业个体间在净资产报酬率上存在很大差距。

（3）流动比率，均值为 1.5457，样本标准差为 0.96155，方差为 0.92457。相对于均值看，样本标准差和方差都很小，说明流动比率指标的样本整体波动性很小，网络型企业个体之间没有显著差异。

(4) 总资产周转率，均值为 1.1963，样本标准差为 0.70875，方差为 0.50233。相对而言，样本的标准差和方差都很小，说明这个指标的行业波动性很小，在网络型企业个体之间总资产周转率水平没有显著差异。

(5) 专利数量，样本均值为 90.40，标准差为 277.464，方差为 76986.248。可见，专利数量指标不但绝对值较大，相对于均值也很大。在网络型企业中，个体企业之间的专利持有数量差距较明显，有很大的波动性。

(6) 研发比率，样本均值为 0.041487，方差为 0.0010517，标准差为 0.0324295。方差和标准差相对样本均值差异水平不是很大，即样本波动性一般，网络型企业个体之间的研发投入比率在某种程度上有一定的差异。

(7) 营业收入，均值为 1217394.37，样本方差为 3998657643399.896，标准差为 1999664.383。相对样本均值，样本的方差和标准差都不大，反映出营业收入指标的样本波动性较小，在网络型企业个体之间没有显著差异。

描述性统计提供了网络型企业在总资产报酬率、净资产报酬率、流动比率、总资产周转率、专利数量、研发投入比率和营业收入指标的一般性水平和总体分布评价。

6.3.2 主成分分析

主成分分析法（Principal Component Analysis，PCA）是一种利用统计原理建立的系统降维的方法。由于其严密的逻辑推理以及所获结果的客观性而获得广泛的运用。

若有 n 个待测度的样本点 $e_1, e_2, \cdots, e_n$，每个样本点均由 p 个指标变量描述，则原始数据构成一个 $n \times p$ 维的矩阵：

$$X = \begin{bmatrix} e_1^{\mathrm{T}} \\ e_2^{\mathrm{T}} \\ \vdots \\ e_n^{\mathrm{T}} \end{bmatrix} = \begin{bmatrix} x_{11} & x_{12} & \cdots & x_{1p} \\ x_{21} & x_{22} & \cdots & x_{2p} \\ \vdots & \vdots & \vdots & \vdots \\ x_{n1} & x_{n2} & \cdots & x_{np} \end{bmatrix} = [x_1, x_2, \cdots, x_p]$$

为了以下讨论的方便，先把逆指标（越小越好的指标）变换为正指标：

$$y_i = \begin{cases} x_i & \text{对正指标} \\ -x_i & \text{对逆指标} \end{cases} \qquad i = 1,2,\cdots,p$$

得：

$$Y = [y_1, y_2, \cdots, y_p] = [y_{ij}]_{n\times p}$$

常见主成分模型的算法如下：

(1) 对矩阵中元素作如下标准化变换：

$$z_{ij} = \frac{y_{ij} - \bar{y}_j}{s_j}, i = 1,2,\cdots,n; j = 1,2,\cdots,p$$

式中 $\bar{y}_j = \dfrac{\sum_{i=1}^{n} y_{ij}}{n}, s_j^2 = \dfrac{\sum_{i=1}^{n} (y_{ij} - \bar{y}_j)^2}{n-1}$，得标准化矩阵：

$$Z = \begin{bmatrix} Z_1^{\mathrm{T}} \\ Z_2^{\mathrm{T}} \\ \vdots \\ Z_n^{\mathrm{T}} \end{bmatrix} = \begin{bmatrix} z_{11} & z_{12} & \cdots & z_{1p} \\ z_{21} & z_{22} & \cdots & z_{2p} \\ \vdots & \vdots & \vdots & \vdots \\ z_{n1} & z_{n2} & \cdots & z_{np} \end{bmatrix}$$

(2) 求标准化矩阵 Z 的相关矩阵

$$R = [r_{ij}]_{p\times p} = \frac{Z^{\mathrm{T}} Z}{n-1}$$

式中 $r_{ij} = \dfrac{\sum_{k=1}^{n} z_{ki} z_{kj}}{n-1}, i, j = 1,2,\cdots,p$。

(3) 解相关矩阵 R 的特征方程：

$$|R - \lambda I_p| = 0$$

p 个特征根：$\lambda_1 \geqslant \lambda_2 \geqslant \cdots \geqslant \lambda_p \geqslant 0$。

(4) 按 $\dfrac{\sum_{j=1}^{m} \lambda_j}{\sum_{j=1}^{p} \lambda_j} \geqslant 0.85$ 确定 m 值。对每个 λ_j，$j=1, 2, \cdots, p$，解方程组：

$$Rb_j = \lambda_j b_j$$

得特征向量 b_j，归一化有 $b_j^o = \frac{b_j}{\| b_j \|}$，下文不妨设 b_j 已单位化。

(5) 求出变量主成分 u_j，计算 $Z = [Z_1, Z_2, \cdots, Z_n]^T$ 对应的样本主成分向量 U_j：

$$U_j = b_j^T, j = 1,2,\cdots,p$$

称为变量的第 j 主成分，其中 z 为指标向量，u_j 的方差为 λ_j；由 $b_j^T z, j = 1,2,\cdots,p$ 互不相关得：u_j 之间从原始数据中得到的信息是没有重复的。根据所选择的 u_j，计算样本主成分向量 U_j：

$$U_j = Zb_j, j = 1,2,\cdots,m$$

它的第 i 个分量 u_{ij} 是向量 $z_i (i = 1,2,\cdots,n)$ 在 b_j 上的投影。

(6) 求前 m 个样本主成分的线性加权值

按 u_j 的方差 λ_j 占总方差的比例求权系数（贡献率）：

$$w_j = \frac{\lambda_j}{\sum_{i=1}^{p} \lambda_i}, j = 1,2,\cdots,m$$

样本总评得分 $S = (S_1, S_2, \cdots, S_n)^T$ 为：

$$S = \sum_{j=1}^{p} w_j u_j = \sum_{j=1}^{p} w_j z b_j$$

根据 $S_i (i = 1,2,\cdots,n)$ 值的大小可对样本进行排序。

(7) 求各样本点间的相似性和差异性

以主成分为自变量，计算各样本对之间的欧式距离：

$$d^2(e_i, e_k) = \sum_{j=1}^{p} (u_{ij} - u_{kj})^2$$

根据 $d^2(e_i, e_k)$ 值的大小可对样本进行聚类分析和测度。为了反映上述描述性统计指标对网络企业竞争力的个体贡献程度，考虑运用因子分析进行数据加工。

6.3.3 数据标准化

上述描述性统计指标数据含有相对值和绝对值，不便于进行直观评价，将数据在 SPSS 中求得标准化 Z 分数并进行线性转换，结果如表 6-4 所示：

表 6-4　　　　标准化后的数据分布表

净报率	流比率	专利量	研发率	周转率	收入
51.89	68.56	52.44	50.44	69.38	94.74
25.14	42.35	49.16	42.48	39.75	66.47
56.19	45.05	48.00	46.37	58.94	58.94
52.37	47.45	47.86	40.85	37.78	57.92
51.42	51.40	50.31	51.21	43.84	57.56
52.85	52.85	101.38	67.80	46.81	55.26
50.46	47.97	47.17	53.12	51.89	50.59
49.98	46.82	46.81	52.96	58.09	49.04
51.42	45.68	53.55	55.25	47.65	48.07
49.51	45.89	46.96	53.49	37.35	47.65
6.03	44.22	47.68	45.50	62.47	47.58
52.37	50.15	46.78	37.82	50.90	47.39
49.98	39.02	46.92	49.23	36.22	47.14
51.89	48.59	47.93	56.33	42.57	46.51
50.94	43.81	47.14	54.94	51.32	46.45
51.89	45.99	46.81	44.21	41.16	46.42
49.98	91.23	57.55	57.71	37.78	46.32
60.02	45.68	46.74	38.32	64.16	45.73
53.81	47.76	46.81	60.98	50.48	45.69
51.89	49.84	46.78	52.75	52.17	45.48
49.98	48.17	48.47	42.79	62.33	45.47
51.89	48.17	47.03	51.61	42.71	45.15
51.89	54.93	49.30	85.68	47.65	45.13
53.33	50.77	46.74	38.16	69.24	45.09
57.15	67.20	46.78	43.47	49.35	44.93
52.37	42.14	46.74	44.98	39.33	44.85
54.76	45.05	46.74	43.90	66.00	44.74
50.94	43.39	47.35	44.67	46.67	44.59
57.63	52.65	48.15	37.76	55.13	44.57
49.98	47.24	47.90	55.25	40.88	44.54

6.3.4 网络型企业竞争力评价指标体系主成分分析

Correlation Matrix 上半部分给出了经过标准化和线性转换后的 T 分数数据相关系数矩阵和单尾显著性水平。相关系数阵数值较小，且由行列式值 0.606 推断比较适合因子分析。竞争力的影响因素变量相关系数矩阵，可以发现变量存在着比较密切的相关性。如表 6-5 所示：

表 6-5　　相关系数矩阵

		T 净报率	T 流比率	T 专利量	T 研发率	T 周转率	T 收入
Correlation	T 净报率	1.000	0.166	0.038	0.053	0.001	−0.126
	T 流比率	0.166	1.000	0.223	0.203	0.013	0.225
	T 专利量	0.038	0.223	1.000	0.392	−0.088	0.182
	T 研发率	0.053	0.203	0.392	1.000	−0.264	−0.024
	T 周转率	0.001	0.013	−0.088	−0.264	1.000	0.203
	T 收入	−0.126	0.225	0.182	−0.024	0.203	1.000
Sig. (1-tailed)	T 净报率		0.190	0.421	0.391	0.497	0.254
	T 流比率	0.190		0.118	0.141	0.472	0.115
	T 专利量	0.421	0.118		0.016	0.322	0.168
	T 研发率	0.391	0.141	0.016		0.079	0.449
	T 周转率	0.497	0.472	0.322	0.079		0.141
	T 收入	0.254	0.115	0.168	0.449	0.141	

a　Determinant = 0.606.

Anti-image Matrices 部分，给出了网络型企业竞争力指标数据的反映相关矩阵检验结果。该相关矩阵中没有出现绝对值很大的指标数据，说明本书所取的六个变量适合进行因子分析。如表 6-6 所示：

表 6-6　　　　检验结果分布图

		T净报率	T流比率	T专利量	T研发率	T周转率	T收入
Anti-image Covariance	T净报率	0.942	−0.172	−0.022	−0.006	−0.036	0.157
	T流比率	−0.172	0.860	−0.091	−0.123	−0.017	−0.194
	T专利量	−0.022	−0.091	0.797	−0.283	0.025	−0.150
	T研发率	−0.006	−0.123	−0.283	0.772	0.195	0.065
	T周转率	−0.036	−0.017	0.025	0.195	0.889	−0.173
	T收入	0.157	−0.194	−0.150	0.065	−0.173	0.852
Anti-image Correlation	T净报率	0.408 (a)	−0.191	−0.025	−0.007	−0.039	0.175
	T流比率	−0.191	0.580 (a)	−0.110	−0.151	−0.019	−0.227
	T专利量	−0.025	−0.110	0.582 (a)	−0.361	0.030	−0.182
	T研发率	−0.007	−0.151	−0.361	0.555 (a)	0.235	0.080
	T周转率	−0.039	−0.019	0.030	0.235	0.549 (a)	−0.199
	T收入	0.175	0−.227	−0.182	0.080	−0.199	.468 (a)

Measures of Sampling Adequacy (MSA).

主成分分析有一个默认的前提条件就是各变量必须有相关性，否则各变量之间没有共享信息，就无所谓提取公因子，也就没有必要运用该方法。前文设置的指标体系是从各个不同的侧面反应网络企业竞争力的影响因素分析，不可避免地会在各个变量间存在相关性。通过观察 KMO 统计量和 Bartlett's 球形检验可以判定变量间是否存在相关性。KMO 检验结果是 0.541，得知 $0.5<KMO<0.6$ 属于因子分析的范围之内，适合于因子分析；而 Bartlett's 球形检验结果是 $0.595>0.05$，不适合因子分析。推断本书研究处于一般适合的范围。但是由后续研究可知，采用因子分析还是有一定的可行性的。如表 6-7所示：

表 6-7　　KMO 统计量和 Bartlett's 球形检验

Kaiser－Meyer－Olkin Measure of Sampling Adequacy.		.541
Bartlett's Test of Sphericity	Approx. Chi－Square	13.090
	df	15
	Sig.	.595

Total Variance Explained 给出了因子分析后因子提取和因子旋转的结果，描述了因子分析的初始解对原有变量总体描述情况（表 6-8）。Initial Eigenvalues 中 Total 列显示出因子变量方差贡献，从中看出各因子的重要程度。其中，第一个因子特征值 1.673，它描述了原有变量总方差 6 中的 1.673，而第二个因子特征值 1.338，它描述了原有变量总方差 6 中的 1.338，依次类推。% of Variance 列显示了因子的方差贡献率，第一个因子贡献率为 27.883%，第二个因子为 22.303，依次类推。Extraction Sums of Squared Loadings 是将上述处理过程进行设置，即要求提取因子的标准是特征值大于 1。Rotation Sums of Squared Loadings 则是将其进行旋转之后的得到的因子对原变量总体的刻画情况。需要说明的是，后面两者在原理上与 Initial Eigenvalues 相同，只是加入了提取的限制条件，以便在表述上更加清晰，使得数据更加直观。这样就可以清晰地看到，前三个因子的贡献率是最大的，并且解释了大部分信息。

而到第四个因子为止，前四个因子解释了 80.591%的信息，去掉两个因子，损失了不到 20%的信息，对于进行有典型意义的研究并充分反映网络企业竞争力的主要影响因素是值得的。

表 6-8　　主成分分析因子表

Component	Initial Eigenvalues			Extraction Sums of Squared Loadings			Rotation Sums of Squared Loadings		
	Total	% of Variance	Cumulative %	Total	% of Variance	Cumulative %	Total	% of Variance	Cumulative %
1	1.673	27.883	27.883	1.673	27.883	27.883	1.617	26.952	26.952
2	1.338	22.303	50.186	1.338	22.303	50.186	1.350	22.497	49.449
3	1.079	17.975	68.162	1.079	17.975	68.162	1.123	18.712	68.162
4	0.746	12.429	80.591						
5	0.630	10.503	91.094						
6	0.534	8.906	100.000						

Extraction Method：Principal Component Analysis.

Scree Plot 为公共因子碎石图，可以更加直观地看到前面三到四个因子的特征之变化非常明显，到四个特征值后，特征之变化趋于平稳。因此说明提取三到四个公共因子可以对原变量的信息描述有显著作用。这个结果与前面的表格分析是一致的。如图 6-5 所示：

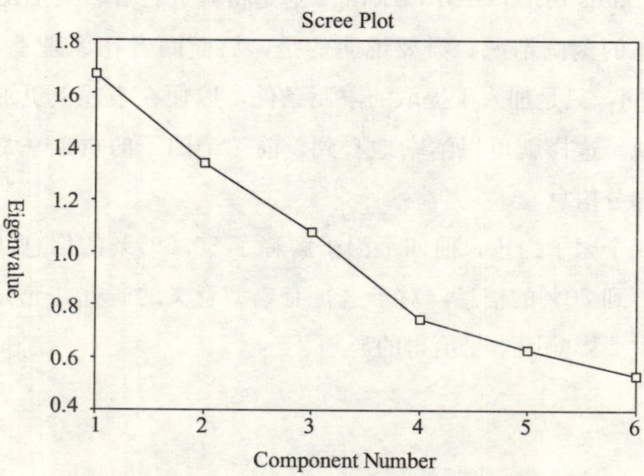

图 6-5　公共因子碎石图

Component Matrix（a）给出了最终的因子载荷矩阵，可以由此推出因子分析的数学模型，如表 6－9 所示：

表 6－9　　因子载荷矩阵

	Component		
	1	2	3
T净报率	0.202	－0.154	0.892
T流比率	0.601	0.347	0.341
T专利量	0.751	0.092	－0.185
T研发率	0.744	－0.308	－0.160
T周转率	－0.302	0.696	0.234
T收入	0.248	0.778	－0.227

Extraction Method：Principal Component Analysis. 3 components extracted.

由上图因子载荷矩阵，得出因子分析模型：

假设因子 1 为 F_1，因子 2 为 F_2，因子 3 为 F_3；每个变量 T 值分别是，净资产报酬率为 X_1，流动比率为 X_2，专利数量为 X_3，研发投入比率为 X_4，总资产周转率为 X_5，营业收入为 X_6。

$X_1 = 0.202F_1 - 0.154F_2 + 0.892F_3$

$X_2 = 0.601F_1 + 0.347F_2 + 0.341F_3$

$X_3 = 0.751F_1 + 0.092F_2 - 0.185F_3$

$X_4 = 0.744F_1 - 0.308F_2 - 0.160F_3$

$X_5 = -0.302F_1 + 0.696F_2 + 0.234F_3$

$X_6 = 0.248\ F_1 + 0.778F_2 - 0.227F_3$

从分析模型中可以看到，有些载荷比较明显，如净资产报酬率对因子 3，但是有些变量含义并不是十分明确，如第一个因子在流动比率 T 值、专利数量 T 值和研发投入比率 T 值上都有较高的载荷，而第二个因子在周转率 T 值和营业收入 T 值上都有较高载荷，这样六个变量都被包含进去，达不到降维的效果，也不利于进行后续分析。为了更清楚的揭示技术创新对网络企业的竞争力影响，对因子载荷矩阵用方差极大法进行旋转。

Rotated Component Matrix (a) 用方差极大法对因子载荷矩阵进行旋转后，可以更清晰的看到每个因子的基本含义。根据方差极大法对因子载荷矩阵得出的结果显示，第一个因子在专利量和研发投入比率上有较高的载荷，而第二个因子基本上反映了收入的影响。第三个因子较明显的反映了净资产报酬率的影响程度（表 6-10）。

表 6-10　　旋转后的载荷矩阵

	Component		
	1	2	3
T 净报率	−0.024	−0.133	0.918
T 流比率	0.410	0.446	0.481
T 专利量	0.742	0.236	0.023
T 研发率	0.804	−0.159	0.058
T 周转率	−0.479	0.622	0.122
T 收入	0.151	0.816	−0.174

Extraction Method: Principal Component Analysis. Rotation Method: Varimax with Kaiser Normalization. Rotation converged in 6 iterations.

旋转后的载荷矩阵与前面的因子载荷矩阵实质是一样的，却提供了更可靠的降维证据，也更形象地说明了技术创新在提高网络企业竞争力中的影响程度。

因子分析数学模型的结果是因子得分函数，在确立因子变量以后，对每个样本数据，希望得到它们在不同因子上的具体数据值。运用 SPSS 得到了如下的因子得分函数的系数（表 6-11）。

表 6-11　　因子得分函数的系数

	Component		
	1	2	3
T 净报率	−0.090	−0.109	0.832
T 流比率	0.204	0.315	0.394
T 专利量	0.458	0.156	−0.045
T 研发率	0.503	−0.139	−0.015
T 周转率	−0.327	0.472	0.144
T 收入	0.089	0.604	−0.179

Extraction Method: Principal Component Analysis. Rotation Method: Varimax with Kaiser Normalization. Component Scores.

根据 SPSS 运算结果，可以写出因子得分函数（字母含义与旋转前的因子载荷矩阵分析模型一致，不再赘述）：

$$F_1 = -0.090X_1 + 0.204X_2 + 0.458X_3 + 0.503X_4 - 0.327X_5 + 0.089X_6$$

$$F_2 = -0.109X_1 + 0.315X_2 + 0.156X_3 - 0.139X_4 + 0.472X_5 + 0.604X_6$$

$$F_3 = 0.832X_1 + 0.394X_2 - 0.045X_3 - 0.015X_4 + 0.144X_5 - 0.179X_6$$

至此，已经得出了可以适用于所有样本的因子得分函数。可以直接查询每个样本公司的因子得分，然后根据不同的得分进行具体分析，找出单个样本之间的差距原因和每个样本内存在的问题。

上面的分析结果可以显示：第一个因子主要和专利量以及研发率有很强的正相关；第二个因子主要和总收入，周转率有很强的正相关；第三个因子主要和净报率，流动比率有很强的正相关。因此可以给第一个因子起名为“创新因子”，而给第二个、第三个因子分别起名为“收入因子”和“成长因子”。

因子分析中的主成分提取是将相关性较好的因子提取公共因子，以便于数据分析和计算，也就是提取的公因子之间应当是不相关的，对此也进行了检验，从 SPSS 的计算结果可以看出，因子变量协方差矩阵看出不同因子之间的数据为 0，说明提取的公因子之间没有相关性（表 6－12）。

表 6－12　　因子变量协方差矩阵

Component	1	2	3
1	1.000	0.000	0.000
2	0.000	1.000	0.000
3	0.000	0.000	1.000

Extraction Method：Principal Component Analysis.　Rotation Method：Varimax with Kaiser Normalization. Component Scores.

6.3.5　技术创新能力对网络型企业竞争力的影响

通过实证研究，证明了本书的研究假设，即技术创新能力在网络型企业竞争力中有重大影响，表现在以下几个方面：

（1）从因子特征值排序上看，前三到前四个因子反映了分析样本的大部分信息，前三个因子的特征值都大于 1，而前四个因子的方差累计贡献率达到了 80.591％，代表性较高。

（2）从碎石图中看前四个因子的特征值变化比较剧烈，第四个因子以后，因子特征值变化趋于平缓，说明前四个因子的代表性比较强，反映了样本的大部分信息。

（3）从因子载荷矩阵以及旋转后的因子载荷矩阵，可以看到净资产报酬率，研发投入比率，专利数量以及营业收入对因子的载荷最高，即这四个对信息的反映程度最强。用矩阵图或者其因子分析模型图都可以看出来。

（4）最后，SPSS 计算得出因子得分函数系数，由此得到因子得分函数，并计算出因子得分，在得分函数表中就可以直接查询每个样本的具体特征。通过查询，可以检验本书对代表网络企业技术创新的两个变量专利数量和研发投入比率的假设，也就证明了技术创新能力在网络型企业竞争力中占据了重要地位。

当今世界科技飞速发展，社会变化日新月异，各行各业不断改革，国际竞争日趋激烈。国际竞争的焦点不再是各种生产活动的最终产品，而是各种知识活动的成果，竞争已经前移到产品的研究开发甚至基础研究阶段。所以只有掌握了产品设计到市场化过程中某一环节或者多个环节的关键技术，才能获得优于竞争对手的竞争优势，才有可能形成企业持续的竞争力。同时，由于市场的多变性和竞争的激烈性，企业竞争力需要适时的更新，这就需要企业进行持续的技术创新，用以保持企业的优势竞争地位。

技术创新作为经济增长方式转变的突破口，是获得高质量经济增长的唯一途径；是解决“产品疲软”，使企业致富的根本途径；是消除市场成熟化、替代化和发展新产业的有效途径；是提高企业竞争实力，实现资源配置方式平稳过渡的有效途径。处于网络产业中的网络型企业，面对的是更加动态变化的市场与技术环境，必须不断的扩充自己的知识与技术，保证企业竞争力的优势地位。网络型企业竞争力是以企业长期积累的技术和知识资源为前提，以技术创新为基础，以主导设计为中心，能为顾客和企业创造价值的，能有效地获取、协调和配置各种资源和技术融合的独特能力体系。因此，要构建和保持网络型企业的竞争力，技术创新是基础、是动力，技术创新能力的高低直接决定了企业竞争力的强弱。

6.4 本章小结

本章首先对网络型企业竞争力的内涵进行了界定，然后说明了评价指标体系设计的原则。在此基础上，从四个方面设置指标，对网络型企业的竞争力进行全面、系统地评价。最后，通过实证分析，证明技术创新能力在网络型企业竞争力占有很重要的作用，也说明了这些指标体系的构建具有合理性。

7 实证分析

本章在网络型企业竞争力的核心指标体系的基础上，构建了模糊多元评价模型，对30家企业的竞争力进行了评价。发现对于网络型企业竞争力的评价需要从一个综合的方面来全面评价。当技术创新成为左右企业未来发展方向的重要影响因素的时候，它就会在网络型企业竞争中起到举足轻重的作用，基于主导设计的技术创新战略是网络型企业的战略核心。

7.1 实证研究设计

现阶段，关于企业竞争力测评分析的具体方法有多种，概括起来分为以下两类：一是从定性角度出发，侧重于指标体系设置和定性分析。比较典型的如波特模型、波士顿矩阵模型等。二是从定量角度出发，以数量关系来描述竞争力强弱。较常用的方法包括综合指数法、主成分分析法、功效系数法、数据包络法等。第一类方法由于仅提供了竞争因素清单，难以定量描述竞争力强弱，以及模型具体应用存在难度等缺陷而逐渐被目前理论界所摒弃。第二类方法又由于或评价过程单一，或主观赋权，或约束条件苛刻等问题难以在实际中广泛运用。因此探讨和研究具有使用价值的竞争力测评分析方法具有重大意义。本书从定量分析的角度出发，运用主成分分析、“夹角正割平方和最小”的优化准则以及模糊数学理论，试图克服上述模型方法的缺陷，对

第 6 章实证中所选取企业的竞争力进行评价。

7.1.1 研究方法综述

从国内外相关实证研究的方法来看，主要采用的实证研究方法有四种：一是问卷调查和结构式访谈相结合的方式；二是通过个案的纵向跟踪调查以揭示企业竞争力提升的相关问题；三是通过市场上各类信息中介机构如商业数据库、咨询公司、各类专业学会或协会等提供的相关数据开展实证研究；四是通过收集各个样本公司各期公布的年报数据开展实证研究。

有关实证研究的数据和信息统计分析方法，主要有：①通过测度变量的简单的描述统计分析和访谈的原始信息解释、分析企业竞争力及其影响因素的现状和内涵；②运用 SAS、SPSS、Excel、Eviews 等工具软件进行相关性分析、偏相关分析、主成分分析、聚类分析、判别分析、敏感性分析、回归分析及其各类检验等，然后依据数据处理结果进行企业竞争力的分析与评价。

从国外本领域的相关实证研究来看，Skinner、Hayes 和 Wheelwright 对竞争要素的四种组成部分进行了初步探讨。Buffa 和 Wheelwright 据此正式提出四种不同的竞争力影响因素——低成本（low cost）、柔性（flexibility）、质量（quality）、履行交货可靠性（delivery or depend ability），这种分类为后来的很多研究人员所接受，形成了一个 Hayes 和 Wheelwright 的四部分框架。其中柔性是指通过多品种、小批量的生产以及不断地开展产品和服务的创新来满足顾客变化的需要。后期研究者主要是用这种思想进行拓展研究，学者们根据研究的不同需求，在这个框架的基础上进行修改和增加，很多新的项目（如创新、人力资源）被加入到这个框架中。这些研究考察了制造商对每个竞争性目标的重视程度。Wood 的潜在竞争力研究就是其中之一，后来被广泛用于制造战略的研究中。Schroeder 在关于制造业战略的调查中，对 39 位制造业执行项目经理进行问卷调研，了解企业对竞争要素的相对重视程度，最终发现排名第一位和第二位的竞争要素分别是质量和运输表现。其他应用，如 Vickery 对美国家具制造的研究，Ward 对美国运输、电力和机械企业的研究，G. S. Dangayach 对印度工业的制造业战略研究等，是对竞争力影响因素的深入探讨。其他相关学者的研究，此处不一一列举，将在参考文献中予以标示[137－147]。

国内研究如梁莱歆、张永榜的“我国高新技术企业技术竞争力实证分析”揭示了技术竞争力对企业经营效率的影响，尤其是对高新技术企业。宛天巍、曾赛星、王浣尘、王方华在“长三角制造业企业国际化竞争要素潜在竞争力水平实证研究”中，通过对长三角地区 569 家制造业企业进行问卷调研的基础上，对影响制造业企业国际化竞争力的“技术水平”、“创新能力”、“管理体制”等十项竞争要素进行了研究，分析了长三角制造业企业在不同的竞争要素潜在竞争力水平上的优势与劣势，指出了需要进一步改进的问题。丁伟斌、荣先恒、桂斌旺在“我国中小企业竞争力要素选择的实证分析”中也提到了技术创新对企业竞争力的重要性，并得出中小企业对技术创新已经有了足够的重视。费冬青、徐飞的“上海民营高科技企业核心技术竞争力实证研究”通过问卷调查，得出了上海民营高科技企业在技术创新方面的现状和存在问题。其他国内相关学者的研究，此处也不一一列举，将在参考文献中予以标示[148－159]。

网络型企业作为一种具有高潜力的现代企业类型，越来越受到各界关注，其竞争力的深入研究也成为一种必然需求。而鉴于这类企业与生俱来的不同于传统行业的新特点，以往的实证研究在研究侧重点和方法上都显得陈旧，在数据的反映形式上也有些力不从心。

针对前人研究分析，可以得出以下几个特点：

（1）数据选取：由上述实证研究文献总结可以看到，研究者选取样本多是就地取材，数据带有一定的区域特征，从本质上决定了必然会导致结果的特定适用性。例如 Vickery 只是针对美国家具制造业的研究，G. S. Dangayach 只是针对印度工业的制造业战略研究。

（2）研究着眼点：前面列举的研究分析，目的都是揭示一种主观的重视程度，这样结论就在某种程度上有一定的模糊性，因此如何较为精确的计量成为研究的关键。

（3）研究侧重描述性统计，研究方法单一必然带来处理结果的科学性大打折扣。描述性统计只能反映数据的总体特征，要体现网络型企业的竞争力关键影响因素，需要甄别各个影响因素的贡献程度，即对单组数据进行比较分析，这是描述性统计无法做到的。

(4) 指标系统设计：通过对相关参考文献的梳理发现，技术创新没有被单独作为一个变量进行相关性分析。而网络型企业的高科技含量特征决定了它的竞争力中至关重要的一个因素就是技术创新。从反映体系上看，技术创新量化需要的变量也不是很合理，如窦天巍等人的分析研究中绝大部分选取的都是财务指标数据。财务报告主要针对外部使用者，而要发现内生性问题并寻求对企业管理发展有益的途径必须重视另外一些指标。

当然，前人研究对本书的研究有着基础性的铺垫作用，给本书研究的进行提供了可行性验证。而针对前面提到的一些缺陷，本书的实证研究加入了部分对网络型企业有重大影响的非财务报告指标，如专利数量，并运用 SPSS 软件进行数据处理，一定程度上提高了实证研究的科学合理性。

7.1.2 研究思路与框架

运用主成分分析以及“夹角正割平方和最小”的优化准则建立模糊评价模型的思路是：通过主成分分析，找出能够较大程度代表样本信息的 k 个主成分，运用“夹角正割平方和最小”的优化准则，构建样本评价向量与 k 个主成分的最优模糊分划矩阵，利用分划矩阵中的列向量元素测算加权综合评价函数值作为样本竞争力排序基准。

6.3 节的研究结果显示了网络型企业竞争力的核心指标体系，在此基础上，构建模糊多元评价模型，对上述 30 家企业的竞争力进行评价。此评价结果可能与信息产业部的排名不一致，因为信息产业部排名仅仅考虑各家企业收入。通过比较评价结果与企业竞争能力的实际状况，进一步验证 6.3 节研究结果的有效性。

7.2 网络型企业竞争力模糊评价模型

7.2.1 模糊评价可行性分析

模糊综合评价法（Fuzzy Comprehensive Evaluation，FCE）是近些年开始应用的一种新的评价方法，模糊综合评价的结果能给出评价对象属于不同评价类的隶属度，决策者可以按最大隶属原则进行决策。其评价过程从权重的取得和指标隶属矩阵的取得，大量应用了人的主观判断，因此模糊综合评价是一种基于主观性质的综合评价方法。当样本数据难以取得或与固定专家评审团、专家的评判具有一致性时，采用模糊综合评价法是一种较好的评价方法[160]。

在该评价指标体系中，有些指标可以通过统计法统计，而有些指标则只能用专家评价法。对这样的评价问题，运用模糊综合评价法可得到较好的解决。模糊综合评价法有单一因素的模糊评价和多层次的模糊评价。对于企业内部管理绩效的评价，应采用多层次的模糊评价。根据上面竞争力的分析，本书决定采用这种方法对这些企业的竞争力进行评价。

7.2.2 模糊多元评价模型构建

参与评价的 m 个企业以一定的隶属度 C_{ni}（$n=1, 2, \cdots, k$）分别隶属于 k 个主成分（通过隶属度描述企业与主成分间关联的紧密程度），构造以下模糊分划矩阵和约束条件：

$$\begin{bmatrix} C_{11}, & C_{12}, & \cdots & C_{1m} \\ C_{21}, & C_{22}, & \cdots & C_{11} \\ \cdots & & & \\ C_{k1} & C_{k2} & & C_{km} \end{bmatrix} = \begin{bmatrix} c_1 \\ c_2 \\ \cdots \\ c_k \end{bmatrix} = (c_{ni})\text{；s.t.} \begin{cases} 0 \leqslant c_{ni} \leqslant 1 \\ \sum_{n=1}^{k} c_{ni} = 1 \\ \sum_{n=1}^{m} c_{ni} > 0 \end{cases} \quad (7-1)$$

其中，C_{ni} 代表第 i 个企业隶属于第 n 个主成分的程度，这样可以称$\vec{C_1}$，$\vec{C_2}$，…，$\vec{C_K}$ 分别为第一主成分隶属度向量、第二主成分隶属度向量以及第 k 主成分隶属度向量。显然，存在无数个模糊分划矩阵满足上式。因此，目标就是如何在无数个模糊分划矩阵中结合主成分向量$\vec{Y_1}$，$\vec{Y_2}$，…，$\vec{Y_K}$ 和评价指标向量，求解隶属于 k 个主成分的最优隶属度向量$\vec{C_1}$，$\vec{C_2}$，…，$\vec{C_K}$。

为此，要选取一定的优化准则，考虑到向量接近程度一般可用向量夹角余弦来刻画。这样按夹角余弦值的大小来确定主成分向量与评价指标向量之间的接近程度。一般余弦越大，两向量接近程度越高，由于 $\cos\alpha = \frac{1}{\sec\alpha}$，因此，采用"加权向量空间中夹角正割平方和最小"优化准则，来获取 k 个主成分的最优隶属度向量。

先考虑加权后第 i 个企业评价指标向量 N_{ij}^* 与第一主成分向量 $y = (a_{1j}) = (a_{11}, a_{12}, \cdots, a_{112})$ 之间的夹角正割：$\sec(N_{ij}^*, \vec{y_1}) = \frac{[(\sum_{j=1}^{12} N_{ij}^{*2})(\sum_{j=1}^{12} a_{ij}^2)]^{1/2}}{|\sum_{j=1}^{12} \alpha_{ij}^2 N_{ij}^2 a_{1j}|}$，其权数定义为第一主成分的贡献率 α_1。

再考虑加权向量空间中第 i 个企业与第一个主成分向量（$\vec{Y_1}$）夹角正割平方和，用 D_{1i}^2 表示：$D_{1i}^2 = C_{1i}^2 \sec^2(N_{ij}^*, \vec{Y_1})$，待定权数 C_{1i}^2 为第 i 个企业隶属于第一主成分的值。

同理，可得到加权向量空间中第 i 个企业与其他 $k-1$ 个主成分向量夹角正割平方和，分别用 D_{2i}^2，…，D_{ki}^2 表示：

$$D_{2i}^2 = C_{2i}^2 \sec^2(N_{ij}^*, \vec{Y_2}) \cdots, D_{ki}^2 = C_{ki}^2 \sec^2(N_{ij}^*, \vec{Y_K}) \tag{7-2}$$

由选定的优化准则建立目标函数如下：

$$\max\left\{J = \sum_{i=1}^{m} (D_{1i}^2 + D_{2i}^2 + \cdots + D_{Ki}^2) = \sum_{i=1}^{m} \begin{bmatrix} C_{1i}^2 \sec^2(N_{ij}^*, \vec{Y_1}) + D_{2i}^2 = C_{2i}^2 \sec^2(N_{ij}^*, \vec{Y_2}) + \cdots + D_{2i}^2 \\ = C_{Ki}^2 \sec^2(N_{ij}^*, \vec{Y_K}) \end{bmatrix}\right\} \tag{7-3}$$

通过对 C_{1i}，C_{2i}，…，C_{Ki} 求解偏导以及适当的推导，可得到第 i 个企业隶属

于 k 个主成分的值，此处仅给出 C_{Ki} 的表达式：

$$C_{Ki}=\frac{1}{1+\left[\frac{C_{1i}^2\sec^2(N_{ij}^*,\overrightarrow{Y_k})}{C_{1i}^2\sec^2(N_{ij}^*,\overrightarrow{Y_1})}\right]^2}+\frac{1}{1+\left[\frac{C_{1i}^2\sec^2(N_{ij}^*,\overrightarrow{Y_k})}{C_{1i}^2\sec^2(N_{ij}^*,\overrightarrow{Y_2})}\right]^2}+\cdots+\frac{1}{1+\left[\frac{C_{1i}^2\sec^2(N_{ij}^*,\overrightarrow{Y_k})}{C_{1i}^2\sec^2(N_{ij}^*,\overrightarrow{Y_{k-1}})}\right]^2} \tag{7-4}$$

同理，可以得出其他 $m-1$ 个企业隶属于 k 个主成分的隶属度向量值。依据上述理论以及计算，可以构造第 i 个企业的加权综合评价函数 F_i ：$F_i=\alpha_1C_{1i}+\alpha_2C_{2i}+\cdots+\alpha_KC_{ki}$；其中 $i=1$，2，…，m。以上即为企业竞争力主成分分析的模糊多元评价模型。

7.3 实证分析与结果

7.3.1 实证分析

根据上述评价程序，以 6.3 节中的 30 家企业为样本（为简便记为企业 1，企业 2，……，企业 30)，进行综合评价分析，分析工具采用 Excel。

（1）计算相关系数矩阵的特征值以及特征向量

对原始数据矩阵作标准化处理，计算相关系数矩阵的特征值、特征向量，进而求出贡献率以及累积贡献率。根据 6.3 节的结论，可以得到 F_1、F_2、F_3 这三个主成分。

（2）求解隶属于前三个主成分的隶属度向量

以企业 1 为例，来计算其相对于主成分 F_1、F_2、F_3 隶属度 C_{11}、C_{21}、C_{31}，其中向量夹角正割值通过矩阵运算获得：

$$C_{11}=\frac{1}{1+1+\left[\frac{\sec(N_{ij}^*,\overrightarrow{Y_1})}{\sec(N_{ij}^*,\overrightarrow{Y_2})}\right]+\left[\frac{\sec(N_{ij}^*,\overrightarrow{Y_1})}{\sec(N_{ij}^*,\overrightarrow{Y_3})}\right]}=$$

$$\frac{1}{1+\left[\frac{3.899}{21.567}\right]^2+\left[\frac{3.899}{22.925}\right]^2}=0.37884$$

$C_{21}=0.27301, C_{31}=0.17976$，同理可以得出其他 $m-1$ 个企业隶属于三个主成分的隶属度向量，所构成的最优模糊分划矩阵如下：

$$C_{K\times m}=(C_{ni})=[\Delta]_{3\times 30}$$

$$\Delta=$$

0.62159	0.613651	0.329853	0.425822	0.393352	0.240315	0.005844	0.46231	0.277338	0.307041
0.257967	0.31697	0.37186	0.247976	0.339869	0.554688	0.002869	0.25111	0.481124	0.387991
0.120443	0.069379	0.298287	0.326202	0.266779	0.204997	0.001287	0.11819	0.241538	0.304968

0.349213	0.337909	0.281274	0.279592	0.248317	0.310831	0.535694	0.231787	0.233109	0.275122
0.627715	0.332623	0.36826	0.415693	0.47134	0.330278	0.285299	0.384567	0.476027	0.439146
0.023071	0.329468	0.350465	0.304715	0.280343	0.358891	0.179008	0.383645	0.290864	0.285732

0.279933	0.285597	0.187587	0.272584	0.382805	0.274461	0.230642	0.275384	0.289346	0.274669
0.46539	0.387719	0.622952	0.456109	0.287414	0.336876	0.468964	0.387054	0.331468	0.426105
0.254677	0.326684	0.189461	0.271307	0.329781	0.388663	0.300394	0.337562	0.379186	0.299226

依据加权综合评价函数 $F_i=\alpha_i C_{1i}+\alpha_2 C_{2i}+\cdots+\alpha_k C_{ki}$；其中 $i=1, 2, \cdots, m$。可以获得企业竞争力的综合排序，如表 7-1 所示：

表 7-1　　企业竞争力综合排序表

待评价企业	企业 1	企业 2	企业 3	企业 4	企业 5	企业 6	企业 7
综合评价值	0.32756	0.30781	0.280103	0.287656	0.289761	0.33148	0.281147
排序	2	4	9	6	5	1	8
待评价企业	企业 8	企业 9	企业 10	企业 11	企业 12	企业 13	企业 14
综合评价值	0.27983	0.31301	0.277066	0.27477	0.278048	0.28277	0.274185
排序	10	3	14	18	13	7	19

续 表

待评价企业	企业 15	企业 16	企业 17	企业 18	企业 19	企业 20	企业 21
综合评价值	0.27314	0.27243	0.279327	0.261765	0.270557	0.275482	0.278887
排序	21	23	11	30	25	16	12
待评价企业	企业 22	企业 23	企业 24	企业 25	企业 26	企业 27	企业 28
综合评价值	0.27277	0.27519	0.276558	0.270096	0.265813	0.269407	0.270676
排序	22	17	15	26	29	27	24
待评价企业	企业 29	企业 30					
综合评价值	0.26827	0.27417					
排序	28	20					

从该表可以看出中兴通讯股份有限公司的综合竞争实力最强，1516 件专利技术足以说明他能够排名第一。从 2008 年世界发布的最新网络设备供应商中发现，中兴公司排名第 16。排名第二的是海尔公司，毋庸置疑，海尔公司的综合竞争力靠前。综合排名位于第三位的是清华同方股份有限公司，其 189 件专利技术足以能够其处于第三的位置。接下来排名第四的是京东方科技集团股份有限公司。通过对这个公司网站提供的信息进行总结分析，也能够说明这家公司具有很强的综合竞争力。多年的研究开发和技术积累，京东方已完整掌握了 TFT－LCD 的核心技术，2007 年专利申请已经达到 296 项，其中发明专利达到了 256 项。目前，京东方拥有一条月产能为 8.5 万片玻璃基板的第 5 代 TFT－LCD 生产线和一条月产能为 3 万片玻璃基板的第 4.5 代 TFT－LCD 生产线（建设中），已成为中国大陆显示领域综合实力最佳的高科技企业之一。排名第五的是海信公司，对于海信公司，相信不用做过多的说明，大家都会认为这个结果具有合理性。

对以上结果，根据竞争力指标的原始数据通过聚类分析（利用最小距离法）来进行验证，结果显示“较弱竞争力”类别涵盖：企业 18、26、29、27、13、19。大体上验证了上述模型分析结果的可信性。

本书所采用的实证方法，克服了以往评价模型大多偏重竞争力治标体系设计以及定性分析的缺陷，通过建立“科学性、合理性、可操作性”的评价指标体系，应用模糊评价模型进行综合评价分析，消除了评价过程中主观因素对评价结果的影响。

7.3.2 网络型企业竞争力关键

通过上述分析，可以发现，对于网络型企业竞争力的评价需要从一个综合的方面来全面评价。当技术创新成为左右企业未来发展方向的重要影响因素的时候，它在网络型企业竞争力中起到举足轻重的作用。上节实证评价的结果显示，综合竞争力排在前几名的企业，都具有强大的R&D能力，无论是从R&D经费的投入，还是从R&D结果的产出（主要是专利）都比其他企业具有明显的优势。

企业的竞争优势来源于比竞争对手更低的成本、更快的速度去发展自身的能力，来源于能够产生更高的、具有强大竞争力的核心能力。可以把企业竞争力理解为企业开发独特技术、研制独特产品、发明独特营销手段和运用独特管理方式诸能力的特定组合，是以一定方式有机结合在一起的能力群体。它以企业的技术创新能力为核心，通过其与企业的反应能力、战略决策能力、产品制造能力、市场营销能力和组织管理能力的交互作用，而生成使企业保持持续竞争优势的能力，是企业在其发展过程中建立与发展起来的一种合成能力。

企业的发展速度和发展水平，即企业的提升程度取决于企业竞争力水平，企业竞争力的培育是一个涉及方方面面的系统工程，其中技术创新是企业竞争力的关键，是企业获得和保持竞争优势的根本动力，关系到企业生死存亡，企业技术创新水平将决定了其竞争力的水平。因此企业要想在快速多变、竞争激烈的市场环境中独占鳌头并保持长久的领先地位，必须不断提高企业技术创新能力，通过技术创新提升竞争力。

在新经济时代，全球大市场和全球性信息网络的形成加快了技术扩散的速度，一般的产品或工艺技术很容易被迅速模仿和生产，某个企业的核心技术也较易演化为一般技术，所以企业只有抓住行业技术轨道，时刻保持或者引领主导设计演进，不断进行技术革新，促进工艺创新和产品创新，加速新技术、新材料和新工艺的应用，开发出成本低、有较高使用价值的新产品，创造出消费者对该类产品的新需求才能保持其竞争能力。同时，以技术创新能力构建竞争力，是竞争对手无法或很难在近期内模仿的，有利于形成或提高行业进入壁垒。

由此可见，技术创新是提升网络型企业竞争力的关键。能否在激烈的市场竞争中求得生存、获得发展的一个重要因素是企业是否能够及时推陈出新，生产出各种各样的新产品以满足消费者的需求。而这又取决于企业的技术创新能力，即将市场需求信息迅速转化为可以在市场上销售的产品的能力。企业通过技术创新逐渐形成自己新的竞争力和技术模式，使企业的技术结构趋于相对稳定，能够在一个较长的时期内获得高额垄断利润和规模经济收益。所以，由技术创新带来的竞争力超越了具体的产品和服务以及企业内部所有的业务单元，将企业之间的竞争直接升华为企业整体实力之间的对抗，可见，由技术创新带来的竞争优势比任何产品和服务更显著、更持久，是提高网络型企业竞争力的关键所在。

7.3.3 网络型企业战略核心

企业技术创新活动的本质含义，不仅仅局限于产品、技术和市场需求本身，应该从战略高度来看待技术创新，即技术创新是技术的价值追加和战略优势的形成过程。基于企业发展战略和技术创新战略之间相互影响、相互协调、相互引导的动态整合关系，企业发展战略必须在保持技术创新能力的基础上按照一定的机理构建，发展战略必须体现企业的技术创新能力发展需求，并体现发展战略和技术创新战略的内在逻辑；而企业技术创新战略是企业发展战略的一部分，是在充分考虑其内外环境的未来变化的基础上，对企业技术发展、技术创新所做出的全局性的长远性谋划。正确的技术创新战略是提高企业竞争力，形成竞争优势的关键因素，它在企业的整个经营战略中处于核心的位置。

基于主导设计的技术创新战略是网络型企业战略核心，在激烈竞争的时代，企业为了保持或者赢得可持续竞争优势应该强调独特的市场定位，或者培育、发展独特的战略能力，或者两者兼顾。在当今市场和技术变化迅速的环境中，无论是独特的市场定位（企业经营战略的体现），还是战略能力（以技术能力为主），都不能单独创造企业可持续竞争优势。正如迈克尔·波特指出，企业面临现有企业之间、新进入企业、替代品、买方和卖方五种力量的竞争，作为防御者或进攻者可采取的策略中，成本最小化、产品差别化、建立新的学习曲线（实质是采取新的技术路线和标准）、产品和原料替代、开辟新需求等都和技术创新密切相关，没有技术创新，这些策略是无法实现的。主导设计使现代企业经营出现了全新的理念，而其成功的关键就是要确定以主导设计、技术创新为中心内容的企业竞争战略。因此，网络企业在各个时期都应建立起与之相匹配的技术创新战略，它作为企业发展战略的一个重要部分，不仅要服务于企业战略的开展，也要立足于企业自身技术创新能力，尤其是要通过主导设计来引导并完善企业的发展战略，创造一个协调发展的企业发展路径。

8 基于主导设计演进的企业竞争力培育策略

推进企业技术进步、开展技术进步管理，是企业获得持久竞争力发生根本保证，是促进经济增长方式发生根本性转变的强劲动力，也是推动我国市场经济持续、快速、健康发展的内在要求。

网络型企业要想在严峻的市场竞争环境下生存发展必须提高自身核心技术能力，建立自己的主导设计、核心知识员工激励组合机制、企业技术创新网络和推进企业之间的技术转移。这就是基于主导设计演进的企业竞争力培育策略。

8.1 重视主导设计竞争

在传统的工业经济中，由于技术更迭缓慢，企业效益主要取决于生产规模和产品质量，主导设计在大多数情况下与专利分离，带有公益性。但随着知识经济的来临，效益更多地取决于技术创新和知识产权，主导设计也开始更多地表现为专利形式，在知识产权制度下，有力地保证了创新企业的创新绩效，阻止了其他网络型企业的侵权行为。主导设计这种技术创新能力，反映了网络型企业将资源优势转换成技术优势的能力，是构成网络型企业竞争力的核心要素。

主导设计竞争是当代企业市场竞争的最主要形式。企业市场竞争的形式还有价格竞争、销售竞争、质量竞争等多种形式，但最有价值的竞争形式是主导设计竞争。网络型企业通过主导设计为技术标准发展提供技术基础，组织协调与各种国际国内标准的联系，促进技术标准向生产力的转化；成功的主导设计有助于取得早期用户支持，扩大用户基数，树立主导设计的市场可信度，促进正反馈机制的形成。可见，网络型企业通过建立自己的主导设计、核心技术体系来提高自身核心技术能力，将成为企业市场竞争力的最重要来源，有力支撑起企业的长期发展战略。

现代企业所处的环境由于各种因素的作用和变化而处于不断的变动之中，环境的动态化严重削弱了企业经营决策与行为的可预见性。在这样的环境中，只有一种竞争优势且无力新创竞争优势的企业是难以生存的。通过主导设计，企业以自己的核心技术为基础，形成行业或国家的技术标准，甚至国际标准，别的企业要进入这个行业，就必须应用这个技术标准。显然，这个具有本企业核心技术的标准，使企业在行业中处于不易超越的领先地位，通过市场的拓展会很快地收回技术开发的成本，并牢牢地控制、掌握专业技术发展和标准制定的主导权。当企业通过抓住主导设计而获得持续创新的时候，它就相应形成异质性能力，这种能力能够形成持续竞争优势。这也就是国际上跨国公司积极参与和设法控制国际技术标准制定的原因。

主导设计的演进，其实是企业之间技术创新的竞争。因为，企业若要使自己的产品成为主导设计或者在既定的主导设计下，通过创新获得超额利润，就需要进行技术创新竞争。技术创新竞争是特指企业通过技术创新而进行的市场竞争。拥有较强技术创新能力的企业，较容易在市场竞争中胜出，从而将自己的主导设计转化为行业标准。对于网络产业来说，兼容性是产品需要考虑的重要因素，不同的主导设计之间可能存在不兼容的现象。在采用不兼容的策略下，该产品将对其消费者产生较强的锁定效应，从而使得技术创新带来的市场地位得到巩固。这里也能看出，市场上兼容性策略的竞争实质是厂商背后技术创新能力的竞争。不同的技术创新能力下，厂商会选择不同的兼容策划。在创新能力很强的时候，厂商都会选择不兼容，从而可以获得垄断利润。

网络型企业要想在严峻的市场竞争环境下生存发展必须提高自身核心技

术能力，建立自己的主导设计、核心技术体系。主导设计的确立与演进所引起的技术创新竞争主要包括技术创新资源的竞争、技术创新战略的竞争、技术创新组织与管理的竞争、研究与开发的竞争、专利权的竞争等内容。而这些技术创新活动的进行又涉及企业知识管理、企业核心员工的激励问题、企业创新网络的构建以及推进企业之间的技术转移等问题。因此，实施企业知识管理、构建有效的核心知识员工激励组合机制、建立企业技术创新网络、推进企业之间的技术转移等也是建立以主导设计为核心的企业发展战略不可或缺的组成部分。

8.2 实施企业知识管理

本文接下来主要借鉴了文献［161］的研究成果，对企业进行技术进步的内部途径进行分析阐述。

企业要想在激烈的竞争中取胜，就必须建立自己的竞争力。在知识经济时代，知识及知识管理是竞争力构成的关键因素，是竞争力形成的基础。除了拥有的固定资产和产品外，企业的价值更大地体现在知识资源上，这些资源包括企业的商誉、品牌、知识产权、客户关系、合作伙伴关系、企业的 IT 系统、企业的创新能力和企业拥有的人力资本等，因此企业的最大资产应该是继资本、劳动力之后脱颖而出的“第三资源”——知识资源。每个企业都拥有知识资源，但是只有少数企业能够开发出知识的全部潜能，在很多企业中，知识都是闲置的资本，类似于企业中的价值链，企业同样存在一条知识链。价值链的顺畅，可使企业的资本增值，而知识链的顺畅可以使企业持续发展，实际上价值链的顺畅完全取决于知识链的顺畅。实施知识管理，可以使企业技术活动、组织活动和市场活动之间通过知识流的传递相互影响、相互作用，使三者之间能够彼此协调和适应，建立起有助于企业竞争能力形成的关联机制。

知识管理作为一种新的管理理念，没有现成的模式可以效仿，知识管理的提出及应用也仅是近几年的事情。本书认为，企业知识管理是指通过对企业有关知识的发现、选择、组织、提取、呈现、评估、整合、保护和创新等活动，使组织通过获取、存储、利用知识来解决问题、动态学习、战略规划和决策支持，最终知识价值得以实现的全过程，其目的是提高企业技术进步速度和企业竞争力。但由于知识具有多样性，试图通过一种模式来实施对知识的有效管理是不现实的，也是不可能的。其主要原因在于：①技术知识的创新规律尚未十分明确，将企业的知识资源融入产品或服务及其生产过程和管理过程亟须进一步探索。②由于知识具有多样性、复杂性和动态性等特征，即使对一个企业而言，其所包含的知识也是极其复杂和广泛的。

知识管理不同于一般生产要素的管理，这是因为知识不像资本、物资、设备、能源等生产要素那样具有稀缺性，作为一种“概念资源”，其与“实体资源”的成本结构完全不同，概念资源不会像实体资源一样，随着输入系统的“量”的增加而增加成本。相反，可能由于掌握它的人变多而产生更多、更新的知识，从而使知识发挥作用的范围扩大，使知识的价值变更越显著。因此，收益递增效率方面投资越大，获得的边际收益将越多。传统的管理效率是追求资源成本的最小化；而知识管理效率追求的是价值的最大化。这一规律在网络型产业中普遍存在。

知识管理不同于传统的人力资源管理。知识管理还涉及企业的发展战略、信息技术、研究开发、业务流程、客户关系、企业文化等诸多领域，这些是人力资源管理远远无法企及的。知识管理更加注重促进员工进行知识共享，整合企业团队的知识资源，提高企业整体的知识创新能力。因此，人力资源管理只是知识管理的重要组成部分。

企业必须不断完善自身组织，使之成为一个知识型企业（或学习型组织）。只有这样，才能促进知识的生产、流动、共享和运用的激励机制，可以激发员工不再强调其所掌握的自有知识，而是强调自我超越，强调不断学习和传播新的知识，使其所掌握的知识成为组织知识链的一个组成部分。

实施知识管理时，要按照知识管理的要求对企业的组织结构作必要的调整。一是要加强企业的知识界面管理。借助网络与信息技术，企业的每一个员工，虽然工作岗位不同、工作地点不同，但可以在同一时间与同一管理者直接进行沟通。知识界面管理的实质就是对界面双方或多方进行联络，将重要的知识界面关系纳入管理状态。二是要建立扁平化的组织结构，直接带来管理费用的下降、管理效率的提高，同时还会极大提高员工的自主性与积极性。三是实现组织结构的柔性化。设置一些临时性的、以任务为导向的团队式组织，实现企业组织集团化和分权化的统一、稳定性和变革性的统一。

作为企业实施知识管理的一个“硬件”基础，建立知识库应成为企业知识管理的一项重要内容。企业知识库不但要成为存储知识、传递知识、共享知识、培训员工的平台，更要为企业内外部知识的流动与共享提供有效的输入、输出渠道，为员工进行学习和知识交流创造良好的知识环境，达到知识创新，实现知识增值的目的。由于知识具有时效性和动态性的特征，企业知识库必须保持知识的不断更新，才能使企业保持对复杂的企业外部环境的较强的应变能力。

实施有效的知识管理，必须改变传统的与客户、竞争对手、供应商等之间单纯的买卖关系或纯粹的竞争关系，建立收益递增的外部网络，与客户、竞争对手、供应商等结成伙伴，寻求以成本—收益最佳方式获取与自己网络相连接的外部利益相关者头脑中的有关兴趣、经验、观点的隐性知识，实现共同发展。

对技术进步型企业，企业知识管理还提出了如何吸引人才、提高员工素质、增强创造力等人力资源管理方面的要求。知识经济发展的主导要素是人才，人对知识的掌握和驾驭以及由此而带来的企业管理创新，使人在经济活动中的地位和作用比以往任何时候都变得更加突出和重要，因此采取措施吸引人才、留住人才并充分发挥其创造性是企业知识管理的一项基本要求。

成功的知识管理需要企业建立以知识为导向的企业文化，通过创造“学习、创新、共享”的企业内部环境，建立“尊重知识、尊重人才、共享知识”的企业文化，使企业全体员工能够共同认识到知识的价值和学习的重要性，并且高度重视个人经验、专业技术和创新，从而为知识的交流、学习和发展创造一个良好的客观环境。

事实上，知识管理早已包含于传统的企业管理之中，随着科学技术的发展，企业技术进步的要求，在当今信息时代，企业知识管理不断涌现出新的思路与可行性，受到前所未有的强调和重视。因此，一家没有实施知识管理的企业，可以从传统管理中确认知识管理的成分，逐步扩大和提升，并以此为导向，把长期以物质资源为基础的企业管理转移到以知识资源为基础的企业管理轨道上来。企业知识管理还要从研究开发管理、人力资源管理等方面迅速扩展到财务、客户和业务运作方面，并逐步实现全面的企业知识管理。

8.3 核心知识员工激励组合

随着知识创新的全球化和世界经济的一体化，现代企业正面临新的竞争环境，即市场的快变性、不确定性和知识更新的高速度、不间断性。在这样的环境中，企业要生存，要保持可持续发展，关键是要找到知识创新、转移和运用的最佳途径。而知识的创新和运用归根结底离不开高素质的员工。也就是说，企业之间的竞争，知识的运用与增值，最终都要依靠知识的载体——知识型员工来实现。虽然知识型员工这一术语首先由彼得·德鲁克提出来，但在今天它已被赋予了新的含义。本书认为，知识型员工就是企业中那些创造、掌握和运用知识或信息为企业工作的员工群体，主要包括研究开发人员、工程技术人员和管理人员。

本书主要借鉴甘露博士的研究成果进行分析。知识型员工大多追求自主性、个性化和创新性。他们往往追求来自于工作本身的满足，他们的忠诚更多地是针对自己的专业而不是雇主，他们有自己的福利最大化函数，他们是否在某个企业工作是出于自身的选择，而非被迫加入。他们一般都希望在工作中拥有更大的自由度和决定权，同时也希望自己的工作得到别人的尊重和社会的承认[162]。

知识型员工作为一个群体，比其他员工掌握着更多的科学技术知识和管理知识。知识型员工个体一般都精通一种或几种专业技术知识，他们不仅能解决大量的技术问题，而且也能处理大量的有关金融、法律、社会及组织、管理等方面的问题。

知识型员工是学习型员工，为了和自己所从事的专业发展保持一致性，并能在工作中取得好的成绩，他们需要经常更新知识。当今企业正在向技术密集型、知识密集型企业转变，这就要求他们不断地学习新的知识，及时掌握新的技能。因此，他们很少把工作定义为每天工作 8 小时、每周工作 5 天。

在当今发展迅速、竞争激烈、优胜劣汰、机遇与挑战相伴、利益与风险并存的知识经济时代，知识型员工除了具有良好的知识素质外，往往还具有企业一般员工所不具备的较高的心理素质。他们有竞争、合作、应变、创新的意识，有坚强的意志，有较强的自信心和受挫折的能力。

知识型员工是企业最重要的人力资本，而人力资本与其所有者具有不可分离性。知识型员工同其他员工一样，在受到激励的时候，会不断释放能量，创造佳绩；在受到挫折时，则会将其人力资本部分地“关闭起来”。美国哈佛大学管理学院詹姆斯教授对人力资本的能动性曾做过专题研究，研究结果表明，如果没有激励，一个人的能力只能发挥 20%～30%；如果得到激励，一个人的能力则可以发挥到 80%～90%。同时，健康状况、个性、价值取向、意识形态等因素也会对知识型员工的工作积极性和工作业绩产生影响。

知识型员工还具有流动性大的特点，主要表现在：①流动频繁。一方面，知识型员工自身都掌握一定的知识和技术，他们更注重自身的发展，一旦发现当前环境不再适合自己的发展，或待遇不公，或收入未达到他们的期望值，他们很可能另谋出路；另一方面，知识经济使得知识更新周期缩短，甚至瞬息万变，知识型员工就更加受到大公司、大企业的青睐，更易于流动。②流动方式多样化。各类单位的公开招聘、不断完善的人才市场、企业间的战略联盟、兼职制等都为知识型员工的智力流动创造了条件。

传统的企业管理模式不再适用于知识型员工。过多、过硬的制度，计时、计件等管理方式，极不适应知识经济时代对知识型员工的管理。体力劳动可以用 8 小时的法定工作日来衡量，而对知识型员工，特别是对从事研究与开发工作的科技人员的工作来说，是无法用 8 小时来衡量的。限制他们的时间、限制他们的作息，就等于限制知识投入的最大化、限制知识型员工应有作用的发挥。

因此，在当今知识经济时代，企业必须清晰地认识到，企业对硬件的占有只是企业存在的条件，而与之相适应的人力资源，特别是掌握现代知识的员工的拥有、利用和有效管理，才是企业存在、发展的根本保证。

8.3.1 建立有效的激励机制

知识型员工因为拥有知识资本，所以在工作上他们的独立性和自主性比较强。正是基于这样的特点，他们往往具有较高的成就欲望，愿意从事具有挑战性、创新性和前沿开拓性的工作，希望在工作中不断地提高和发展自己并得到社会的认可，进而实现自身的价值，即满足自我实现的需要。因此，现代企业对知识型员工的激励，应及时转变传统利用人的自然需求所采取的单一物质激励模式，根据知识型员工的社会需要和个性发展，强调个人激励、榜样激励、情感激励和组织激励的有机结合，使知识型员工与企业形成一个利益、情感、生存的共同体。

对知识型员工实施激励，企业管理者还要有全面、系统的观念，要认识到对知识型员工的激励是一项复杂的系统工程，需要对其行为进行全过程的激励，通过设计和建立职业发展机制、人才成长机制、人才评价机制、利益驱动机制、双向选择机制、竞争上岗机制、岗上竞争机制、市场调节机制等，最大限度地调动他们的工作积极性和创造性。

对知识型员工的激励还应坚持以正面激励为主。作为企业的管理者，不要把着眼点放在员工的弱点和不足方面。其实管理的秘诀在于表扬，表扬能温暖人心，营造信任、和谐的氛围。表扬是最强有力的激励，能激励一个人去积极工作，创造佳绩。

8.3.2 建立多元化的奖酬机制

知识经济时代，员工的奖酬不再是简单的收入分配问题，而成为知识型人才价值实现的一种形式。企业制定合理的奖酬制度，不仅是吸引和留住一流知识型人才的前提，也是人力资本不断增值的重要基础。

企业必须要透过奖酬加强员工行为，而奖酬制度一定要和绩效管理、营运策略产生连动，因为绩效管理重视什么，员工也会留意什么。企业要让奖酬和策略产生连接，而非以年薪和职级来建构奖酬制度，能力和职责才是主要的考虑，员工的本薪结构必须和市场联动，同时依据员工的核心能力和未来价值来进行调薪。尽管有竞争力的薪资水平仍然是企业吸引和留住知识型员工的重要因素之一，但在当今社会，发展机会是激励知识型员工创造、转移和运用知识的更具影响力的因素。机会的表现形式很多，如参与决策、更多的责任、个人成长机会、更大的工作自由权、更有趣的工作以及多样化的工作活动等。这些“内部奖酬”对知识型员工有更大的吸引力，而且就报酬本身而言，它也完全超出了薪资的范畴，还包括机会、职权、股权和荣誉等诸多方面。

8.3.3 造就学习型的组织和员工

传统上，人们更多地将组织视为一个工作场所、利润生产中心和控制管理的场所。在技术、知识、环境日益变化的今天，人们越来越感到传统组织观的过时，而提倡学习型组织。毫无疑问，未来最成功的企业必将是学习型组织，因为对企业来说，保持持久竞争优势的唯一途径就是要有能力去不断地学习新的知识。从某种意义上讲，造就学习型的组织和学习型的员工，不仅有利于增强企业的竞争力，而且还决定知识创造、转移和运用的效果，对提升知识型员工的个人素质也会起到积极的促进作用。因此，造就学习型组织和学习型员工是当今企业激励高素质员工的重要法宝。

要造就学习型组织和员工，企业在组织机构设置上还需克服传统组织机构重叠、沟通少、信息反馈慢、权力集中、灵活性差等弊端，建立起柔性化的组织管理模式。使个人的学习成就和智慧通过交流得到碰撞和启发，发挥个人潜能，实现知识共享，并在此基础上实现新的组合和创造，从而形成和发展企业的竞争力。

8.3.4 形成有利于知识型员工实现自身价值的文化氛围

企业文化是企业在长期的生产经营实践中逐步形成的文化观念、群体意识和行为准则，是企业员工在企业中和代表企业的社会环境中的活动方式。知识型员工需要的不仅仅是一个感觉不错的饭碗，他们往往有成长和发展等更高层次的要求，运用知识、发挥能力、彰显智慧，需要一个健康、自由、宽松、和谐的工作环境和自主创新、有团队精神的文化氛围。

企业有责任为知识型员工的发展创造机会，激励员工将自己的目标、利益与企业的目标、利益统一起来，与实现自我价值的需要统一起来，通过不断地学习、不断地改善服务水平，运用自身的知识和能力，在为企业发展作出贡献的同时，实现自我价值。能够帮助员工实现自我价值的企业，才是员工心目中理想的选择企业。

企业还应培育和保持一种自主与协作并存的企业文化，在提高知识型员工活力的同时，提高企业的凝聚力。浓烈的凝聚力会缓解员工的工作压力，使他们在一个愉快、轻松的环境下工作，为企业的发展、创新寻找新的思路。企业给了员工一个平台，员工在这个平台上自由的发挥，赋予了企业生命，让企业能够生存，充满凝聚力的企业是一个焕发生机的企业，有着浓厚的企业文化，完善的企业制度，使员工对企业充满信任，充满希望，调动员工工作的积极性。企业给知识型员工个体以发展的机会和活动的空间，企业因此具有了强劲的发展动力。

实现知识型员工的社会文化满足感，是企业人力资源保值、增值的另一个重要方面。知识型员工是企业环境中的一员，同时也是社会环境中的一员。要使员工不但在企业工作中获得满足感，还要鼓励他们参与社会文娱、体育活动，留给他们足够的时间与精力增进与家庭成员间的交流，得到更多情感上的关爱，免除后顾之忧，激发工作的动力。

8.3.5 加大知识型员工教育与培训的投资力度

知识型员工与企业其他员工相比，掌握着更多的知识和技术，有更强的学习能力，在当今社会知识、技术更新的速度越来越快的背景下，企业必须对包括知识型员工在内的企业全体员工进行适时的培训，这是企业人力资源管理的一项长期的重要工作。首先，企业要结合员工能力特性和发展需求，适当给予进修深造、职务培训、专业技术研究等机会，及时进行知识更新，提高员工的自身素质和专业技能。其次，建立人力资源投资与使用相结合的机制。投资是手段，使用是目的。企业要将投资与使用相结合，尽可能为员工提供施展才能的舞台，真正做到职得其人、人适其职、人尽其才，才尽其用。

8.4 建立企业技术创新网络

企业技术创新网络是指两个或两个以上企业，致力于技术开发而形成的联合同盟。随着技术进步对企业保持竞争优势所具有的关键性作用越来越明显，企业为了在新技术革命所带来的激烈技术开发竞争中能得以生存和发展，努力寻找新的企业技术创新实现形式。理论研究和国际经济发展的实践都已表明，技术创新网络日益成为国际经济活动中的重要组织形式，通过技术创新网络的建立，可以激发企业的学习行为，能够对企业技术创新活动提供新的激励，并能够促进企业组织模式的变革[163]。

20世纪80年代以来，技术创新网络的建立与发展非常迅速。许多学者对技术创新网络成立的动因及其降低技术风险、接近技术等特性进行了研究。通过合作分摊巨额费用、分享技术成果和情报、优化资源配置等来增强企业技术能力，多数企业还可从中获取必要的知识和技术。技术创新网络的建立为组织学习搭起了平台，使企业有更多的机会接近和学习合作伙伴的技术，从战略上保持技术创新的能力和技术领先地位。技术创新网络的建立与发展实际上是由一系列的技术学习、技术管理与技术进步等活动构成的动态过程。通过建立技术创新网络，可以使企业实施有效的技术学习以推进技术进步[164]。

8.4.1 认识技术创新网络的重要性

技术创新网络成员相互间的各种正式与非正式的交流，使合作各方有机会接近与自身相关的各类新的技术，为网络技术体系的建立创造了巨大的动力。网络技术体系的生成反过来又为进一步提升成员技术水平提供可能。但不同的网络成员对学习的认识是有差异的，一些企业进入网络仅仅为了获取对方的某种资源，通过规模经济降低成本，只是暂时提高企业竞争力，而对企业技术进步并无实质推动作用。事实上，企业应从长远角度出发，培养在网络中的学习能力以获取持久的竞争优势。通过知识的整合将各个企业原有的知识体系进行联合和补充，汇合为组织间的知识，将网络企业成员间组织优势知识互补、叠加和延伸，企业组织间存在的各自专门知识及互补性知识再次整合。在知识整合中，企业之间的知识流有个彼此相互交流和互动的过程，由此产生知识的碰撞，从而有效地拓展了新知识。知识碰撞的实质是在原有知识基础上创造新知识，以达到企业单独学习无法产生的效果。当一个企业认识到网络技术内部化和利用网络技术优化其发展战略的潜在作用时，其学习网络技术的主动性和积极性就会提高[165－167]。

8.4.2 网络成员相互之间关系的开放性

当一个组织置身于知识的海洋之中，并与其周围环境相互作用时，学习就开始了。技术创新网络应创建一个便于知识分享、移动的宽松环境，采取人员交流、技术分享、访问参观网络设施、加强成员与网络组织的战略联系等办法，可以使网络知识有效地移植，实现网络知识的共享。如何对待处理网络成员之间的关系及相互作用，是技术转移的关键环境保障。如果没有技术的转移，也就不可能有使用各方对网络技术的学习。网络技术接受程度是否能满足实现二次技术创新的需要，一个重要因素就是网络成员相互之间关系的开放性，即合作各方共享信息和进行开放式沟通的意愿和能力。对于一个成熟完善高效的技术创新网络来说，通过广泛沟通，加强密切联系，提高整体竞争优势，是其显著特征。合作各方之间的开放度越高，技术学习就越有效，越能从根本上实现企业技术进步。

8.4.3 网络成员相互之间的信任

信任即相信合作伙伴的承诺是可靠的，相信合作伙伴会履行其应该履行的义务，承担其应承担的责任。网络成员相互之间的信任是维系合作关系的一个重要因素。在技术学习过程中，合作各方相互信任的氛围将会增强信息自由流动的可能性。没有信任，就没有信息的准确、及时、顺畅的交流。合作各方相互之间越信任，信息共享的可能性就越大，网络技术就越容易接近，对企业的技术进步就越有利[168,169]。

虽然合作各方关系的开放性有利于技术的学习，但由于合作各方都是独立的利润主体，因此技术创新网络的建立与发展过程就是一个多方博弈的过程，为使知识资源能在企业间有效地转移和分享，网络组织一方面要建立信任交流的机制，从而保证不同企业隐性知识资源在网络中有效地分享，提高战略网络的运行效率；另一方面，网络中的单个企业为了防止自身的隐性知识资源流失，同时要抑制企业间获取其他参与方的知识资源并进行模仿和替代的机会主义动机。因此战略网络的结构要易于防止机会主义行为，同时也有利于网络间建立信任交流的结构。要在提高知识资源的转移效率和防范网络中企业侵害其他合作伙伴利益之间寻找平衡。随着相互之间信任的增加和了解的增多，网络技术变得更易于接近。因此，合作各方相互之间的信任具有缓和竞争的作用。网络技术的可接近程度随着网络成员相互之间信任的增强而增大，相互信任是每一合作方实现有效技术学习的基础。

8.4.4 隐性技术与显性技术配合

技术学习和技术创新是与技术的复杂性直接相关的。复杂的、难以转移的技术一般有较多的隐性成分。隐性技术是一种主观的、基于长期经验积累的而尚未被表述出来的技术，即隐含经验类技术，包括诀窍、经验、观念以及价值体系等。隐性技术往往既与其他技术之间立体相关，又具有个性化特征，这就使其难以规范化和进行交流。相比之下，显性技术一般包含专利、文件、设计图、报告、规章制度、公理化的命题和符号等形式，可以用规范化、系统化的语言来描述和传播。因此，通过学习获取显性技术相对容易[170]。

随着科学技术的发展，网络型产品形成于隐性技术和显性技术复合性牵连的作用结果。一方面隐性技术产生于显性技术的不断运用和发展之中，以显性技术为依托；另一方面显性技术只有在隐性技术的驱动与配合下才能更好的发挥其自身作用。进行“配合”的隐性技术就像“胶”一样把组织的日常任务和显性技术“黏”在一起。这也说明此类技术的转移成本相对较高，而且有时是难以确定的。

隐性知识不易被模仿，因而对企业来说更具有战略意义，但也更难以在企业之间传播和共享。知识的专用性是指合作双方投入到合作项目中的知识的可转移的程度。技术或诀窍一般与网络共享的知识与合作项目密切相关，专用性较强，转移到企业其他非合作业务的难度比较大。以美国通用公司和日本丰田公司的合资企业 NUMMI 为例，通用公司在其制造能力的提升过程中就有过“痛苦”的经历，因为丰田公司的技术深深根植于丰田的企业历史和文化中，特别是当通用需要学习丰田的生产系统及其成本效益管理、质量管理、柔性制造和创新模式时，更加深深地感受到学习的艰难。

技术转移除了要注意技术的隐性特征外，技术范围也是一个需要考虑的重要因素。技术隐性程度越高，技术范围就越广，对网络成员来说进行技术的学习与转移就要花费更多的时间和成本。网络技术体系中包含的隐性成分越多，其成功转移的组织层次就越低，组织学习的方式就越无效。在某些情况下，隐性技术的有效转移要求许多相关技术的同时转移，因为技术的接受者事先并不确切知道技术的哪一部分才最适合其特定问题的解决方案。

8.4.5 注意不同组织层次之间的技术关联性

技术学习的第一步是接近技术，但接近并不能保证获取。技术创新网络各组织层次之间所具有的技术关联性对网络成员的技术学习具有重要影响。

技术学习涉及不同的组织层次和各类不同的人员。有必要建立一种群体知识创造基础的组织结构，这种组织结构的核心条件是使创造知识的公司具有按一种循环过程连续和反复地获得、创造、利用和积累技术知识的战略能力，目标是创造一种将等级制和任务组当做相辅相成而不是相互排斥的组织结构。

企业出于网络的目的和风险考虑，往往不会将全部的资源投入到网络中来。企业的研发人员组建的一个团队或是实验室仅在某个或某几个方面建立合作关系，从而形成了一个网络平台。在此平台基础上实现技术的交流共享，同时，以技术螺旋式上升的形式，将技术整合进入到网络各成员母公司层次之中，要求不同的组织层次之间都具有某种程度的技术关联性。如果缺少不同组织层次之间技术的关联性，新技术就可能被忽视，或者被看成无关紧要。企业组织结构设计的目标应保证技术整合效率最大化。企业的专门人员和专门的组织可以有效地影响组织之间技术的转移。

8.4.6 注意合作创新模式的多样性和灵活性

根据企业自身的行业特点，核心技术所处的生命周期以及所处的区域及规模大小，可以参与一个或几个不同的技术创新网络的组织形式，利用参与方式的多样性和灵活性，达到技术进步的集约化和高效性，以下为几种常见的形式：①以行业为依托的联合创新模式，即利用技术背景相似的专业人才，在现有的技术水平基础上，分工合作，资源共享。这一模式适用于开发产品（或项目）使用范围行业性强或某方面技术人才集中的某一部门。这种联合开发模式可以取长补短、降低创新风险。②区域创新体系，是由某区域内参加新技术发展和扩散的企业、大学和研究机构以及政府、中介服务机构及其相互关系等所组成的，为创造、储备和转让知识、技能和新产品的相互作用的网络系统。包括创新的主体、创新的机制、创新的环境等多个方面。③利用合资方式，这种方式是网络结构中最紧密的合作方式，也最有利于知识的传导，尤其是隐性知识的传导。所以我国企业要通过网络获得对方的管理方法、组织技巧、专有技术等隐性知识，采用合资方式是很适宜的。④信息系统组织模式。利用互联网远程信息系统等各种现代技术手段把本企业与外部其他组织联系起来，实现最低成本，高效率的信息的沟通与技术的学习[171,172]。

8.5 推进企业之间技术转移

建立企业技术联盟使实现有效的技术转移成为可能，但不能否认在不可预见的综合诱因的控制和影响下，遭遇技术转移瓶颈的情况时有发生，再者企业所需要的技术不可能全部从联盟成员中获得。要想不断巩固发展企业竞争力，在技术上取得持续进步，就必须把获取新技术的视野放宽，实现广泛的技术转移。除了企业内部各部门、员工之间的技术交流，还要依靠企业与外界的技术交流，即企业之间的技术转移。作为企业技术进步的另一重要源泉，加以重视[173]。

8.5.1 企业之间的技术合作

技术合作是企业之间技术转移的重要形式。在最大限度利用企业自身内部资源的同时，将企业置身于本行业以及产业链之中，有利于实现更高的学习与创新效率，主要表现在知识、信息的快速流动和新企业的快速产生与成长方面。对本行业领先的技术、产品有充分的认知，也就是在本企业技术创新的基础上，吸收其他企业先进的技术和管理方法，不断加强创新的力度[174]。与外部企业之间的技术合作中，可能涉及高度专业化技能和知识、机构、竞争者、相关企业及客户，能够产生较强的知识与信息累积效应，为企业提供创新源泉和物质基础，这在加强企业持续创新能力方面起着关键性的作用。在相互学习、共同创新中，企业之间形成知识、技术的交流，一个企业的技术知识就可以扩散到另一个企业。合作带来丰富的技术源泉，还可以形成规模经济，形成由人力资源和技术财富互补而构成的协同效应。技术合作的成果可以通过创新产品来反映，也可以通过企业所取得的经济效益来度量。因此，技术合作是企业之间技术转移最常见、最直接的方式[175]。

8.5.2 企业之间的人才流动

企业之间技术转移的另一重要方式是人才的流动。人才是技术知识的载体，将人才从企业所有变为社会所有，跨越部门界限，无疑相当于为企业的发展注入了新鲜血液。欧洲进行的一项调查研究表明，高水平的人员流动有助于提高企业员工整体技术水平，促进经济发展中的创新活动。通过高层次人才在企业间的流动，使得本来不易于转移的隐性技术有效地在企业之间进行扩散，强化了技术转移的有效性和彻底性。从某种程度上来说，也降低了知识流动的成本，并且这种知识和技能会在最短的时间内转化为现实的生产力。随着市场经济的逐步发展和人才市场的进一步完善，企业人才的流动将带来知识的合理分配，加速企业的技术创新。充分利用人才资源的流动所产生的知识和技术的转移，可以更好地帮助企业不断创新和发展。

8.5.3 企业之间专利技术、技术秘诀的转让

专利技术属于知识型资产，是现代企业之间转移较为活跃的一种技术。企业通过购进别的企业的专利技术，可以提高生产能力，从而创造良好的效益。在受让专利技术时，企业必须考虑：所要取得的技术的复杂性和开发程度；企业的实际需要；企业现有的技术能力及使用和改造取得的技术的能力；替代技术的关联性、可得性和成本效益，还可以提出转让条款和条件，如在转让之中和之后，由出让企业提供吸收和改造该新技术的支持，或受让人自行改进或改造的权利，为外来专利在尽可能短时间内融入企业生产运作提供便利。

另外，在企业之间的技术转移中，还存在一种技术秘诀的交易和转让，技术秘诀不同于专利，但它同样是知识型资产，所以它在企业之间的扩散，也形成技术的转移。

8.5.4 市场调查

这里讲的市场调查，可以被认为是企业之间技术转移的一种间接形式。

市场调查可分为几个层次进行。首先，当某个企业研究开发的新产品投放到市场后，别的生产企业可以通过市场上销售的这种产品来了解该产品的知识含量以及此类产品生产领域的相关技术水平，对照并汲取别人的长处，加强自身产品的技术创新，并能预测产品未来的发展趋势。其次，通过走访产品的用户、供应商、销售商，向他们征求有关产品方面的建议，并了解市场上别的企业生产的同类产品的特点和销售情况，就可以发现本企业产品的不足，以促进企业的技术创新，并获取其他企业的信息。再次，随着现代信息技术的发展，企业相继接入了 Internet，有了自己的主页，并充分利用 Internet 的强大功能，征询客户、发布信息。任何企业都能够在网上查询别的企业的信息。这种凭借网络传递信息的方法，成为企业之间技术转移的新的方式。

企业之间的技术转移除了以上几种主要形式外，还有其他一些方式，如企业之间员工的非正式交流、产生交易会等。企业之间的技术转移，无论采取何种形式，对企业的技术进步都会产生深远的影响。

8.6 本章小结

主导设计演进，企业持续创新可获得动态竞争优势。本章从技术进步实现的角度，从四个方面阐述网络型企业如何抓住行业产品主导设计，提高创新能力，从而获得动态竞争优势。

参考文献

［1］ SHYO. The Economics of Network Industries. Cambridge，United Kingdom［M］. Cambridge University Press，2001.

［2］ ECNOMIDES N，WHITE L J. One-way Network，Two-way Network，Compatibility，and Public Policy［J］. European Economic Review. 1994，38（3－4）：651－662.

［3］ 罗仲伟．网络特性与网络产业公共政策［J］. 中国工业经济，2000（10）：55－61.

［4］ 肖兴志，陈艳利．纵向一体化网络的接入定价研究［J］. 中国工业经济，2003（6）：21－28.

［5］ KATZ M，SHAPIRO C. Network Externalities，Competition and Compatibility［J］. American Economic Review. 1985，75（4）：24－44.

［6］ HENDERSON R M，CLARK K B. Architectural Innovation：The Reconfiguration of Existing Product Technologies and the Failure of Established Firms［J］. Administrative Science Quarterly，1990，35（1）：9－30.

［7］ ULRICH K T. The Role of Product Architecture in the Manufacturing Firm［J］. Research Policy，1995（24）：419－440.

［8］ UTTERBACK J M. Mastering the Dynamics of Innovation［M］. Boston，MA：Harvard Business School Press，1994.

［9］ LEE J R，et al. Planning for Dominance［J］. R&D Management，1995（1）：15－23.

［10］ AFUAH A. Innovation Management：Strategies，Implementation and Profits [M]. New York: Oxford University Press, 1998.

[11] JOSEPH A S. Capitalism, Socialism and Democracy [M]. New York: Harper, 1975, 82-85.

[12] ABERNATHY W J, UTTERBACK J M. Patterns of Industrial Innovation [J]. Technology Review, 1978 (50): 41-47.

[13] TUSHMAN M L, ANDERSON P. Technolcgical Discontinuities and Organizational Environments [J]. Administrative Science Quarterly, 1986 (31): 439-65.

[14] TUSHMAN M L, ANDERSON P. Technological Discontinuities and Dominant Designs [J]. Administrative Science Quarterly, 1990 (35): 604-633.

[15] CHRISTENSEN C C. The Innovator's Dilemma [M]. MA: Harvard Business School Press, 1997.

[16] ADNER R, LEVINTHAL D A. The Emergence of Emerging Technologies [J]. California Management Review, 2002 (45): 50-66.

[17] BAIN J. Barriers to New Competition [M]. Cambridge: Harvard University Press, 1956.

[18] STIGLER G J. The Organization of Industry [M]. Homewood, Richard D. Irwin, 1968.

[19] DEMSETZ H. Barriers to Entry [J]. Ameircan Economic Review, 1982 (72): 47-57.

[20] 克拉克森·米勒. 产业组织：理论、证据和公共政策 [M]. 上海：上海三联书店，1989.

[21] 丹尼斯·卡尔顿，杰弗里·佩罗夫. 现代产业组织 [M]. 上海：上海三联书店，1998.

[22] BAUMOL W, PANZAR J, WILLIG R. Contestable Markets and the Theory of Industry Structure [M]. New York: Harcourt Brace Jovanovich, 1982.

[23] UTTERBACK J M，ACEE H J. Disruptive Technologies：An Expanded View [J]. International Journal of Innovation Management，2005 (9)：1-18.

[24] CASPER S . How Do Technology Clusters Emerge and Become Sustainable? Social Network Formation and Inter-firm Mobility Within the San Diego Biotechnology Cluster [J]. Research Policy，2007，36 (4)：438-455.

[25] EVERETT M R，TAKEGAMI S，YIN J. Lessons Learned about Technology Transfer [J]. Technovation，2001 (21)：253-261.

[26] DAHLSTRAND S L. Growth and Inventiveness in Technology-based Spin-off Firms [J]. Research Policy，1997 (26)：331-344.

[27] KANAME A. A Historical Pattern of Economic Growth in Developing Countries [J]. The Developing Economics，1962 (1)：3-25.

[28] ROGERIO C C，FABIO M G，GILNEI L M. Innovation Networks：From Technological Development to Business Model Reconfiguration [J]. Technovation，2007，27 (8)：426-432.

[29] WU Y C J，LEE P J. The Use of Patent Analysis in Assessing ITS Innovations：US，Europe and Japan [J]. Transportation Research Part A：Policy and Practice，2007，41 (6)：568-586.

[30] 迈克尔·波特．竞争战略 [M]. 北京：华夏出版社，1997.

[31] MARSHALL A. Principle of Economics [M] . London：Macmillan，1925.

[32] CHAMBERLAIN，E H. The Theory of Monopolistic Competition [M]. Cambridge：Harvard University Press，1933.

[33] PENROSE E. The Theory of the Growth of the Firm [M]. New York：Wiley，1959.

[34] RICHARDSON G B. The Organization of Industry [J]. Economic Journal，1972 (82)：21-29.

[35] WERNERFELT B. A Resource-based View of the Firm [J]. Strategic

Management Journal，1984，5（2）：171－180.

［36］COLLIS D J，CYNTHIS M. Competing on Resource Strategy in the 1990s［J］. Harvard Business Review，1995，7（8）：26－36.

［37］PATRAKOSOL B，OLSON D L . How Interfirm Collaboration Benefits IT Innovation［J］. Information & Management，2007，44（1）：53－62.

［38］PRAHALAD C K，HAMEL G. The Core Competence of the Corporation［J］. Harvard Business Review，1990，5（6）：89－98.

［39］BARNEY J B. Firm Resources and Sustained Competitive Advantage［J］. Journal of Management，1991（17）：65－75.

［40］LADO A A. Human Resource Systems and Sustained Competitive Advantage：a Competency-bases Perspective［M］. Academy of Management Journal，1994.

［41］HAMEL G. Competing for the Future［M］. MB：Harvard Business School Press，1994.

［42］STALK G，EVEANS P，E SCHULMAN L. Competing on Capabilities：The New Rules of Corporate Strategy［M］. Harvard Business Review，1992.

［43］MOORE M C，ARENT D J，NORLAND D. R&D advancement，technology diffusion，and impact on evaluation of public R&D［J］. Energy Policy，2007，35（3）：1464－1473.

［44］DESOUZA K C，AWAZU Y，RAMAPRASAD A. Modifications and Innovations to Technology Artifacts［J］. Technovation，2007，27（4）：204－220.

［45］MEYER M H，UTTERBACK J M. The Product Family and the Dynamics of Core Capability［J］. Sloan Management Review，1993（1）：29－47.

［46］HENDERSON R，LAIN C. Measuring Competence Exploring Firm Effects in Pharmaceutical Research［J］. Strategic Management Journal，1994，15（4）：63－84.

[47] SANCHEZ R, HEENE A, THOMAS H. Dynamics of Competence-based Competition: Theory and Practice in the New Strategic Management [M]. Pergamon, Oxford, 1996.

[48] COOMBS R. Core Competencies and the Strategic Management of R&D [J]. R&D Management, 1996, 26 (4): 345 - 355.

[49] PATEL P, KEITH P. The Technological Competencies of the World's Largest Firms: Complex and Path-dependent, but not Much Variety [J]. Research Policy, 1997 (26): 141 - 156.

[50] KLEIN J, GEE D, JONES H. Analyzing Clusters of Skills in R&D Core Competencies, Metaphors, Visualization, and the Role of IT [J]. R&D Management, 1998, 28 (1): 37 - 42.

[51] LEONARD-BARTON D. Core Capabilities and Core Rigidities: A Paradox in Managing New Product Development [J]. Strategic Management Journal, 1992 (13): 111 - 125.

[52] 刘世锦，杨建龙．核心竞争力：企业重组中的一个新概念 [J]. 中国工业经济，1999 (2): 65 - 69.

[53] 李悠诚．企业如何保护核心能力的载体——无形资产 [J]. 对外经济贸易大学学报，2000 (4): 49 - 52.

[54] 丁开盛，梁雄健．企业核心竞争力初探 [J]. 北京邮电大学学报：社会科学版，1999 (1): 13 - 17.

[55] 管益忻．培育、强化企业核心能力：亟待划清的十个界限 [J]. 南开管理评论，2000 (5): 4 - 9.

[56] 程杞国．论企业的核心资产 [J]. 发展论坛，2000 (5): 23 - 24.

[57] 陈清泰．企业应该做什么，能够做什么 [N]. 人民日报，1999 - 4 - 13.

[58] 黄津孚，姚俊梅．核心竞争力：中国企业的战略选择 [J]. 中国经济快迅周刊，2002 (14): 23 - 26.

[59] 夏保华．行业主导设计标准及其捕捉 [J]. 科技进步与对策，2005 (10): 103 - 105.

[60] CARL S. Navigating the Patent Thicket: Cross Licenses, Patent Pools, and Standards Setting [M]. MIT Press, 2001.

[61] SHAPIRO M C. Technology Adoption in the Presence of Network Externalities, Journal of Political Economy [J]. 1986 (94): 822-841.

[62] KATZ M L, SHAPIRO C. Systems Competition and Network Effects [J]. Journal of Economic Perspectives, 1994 (8): 93-115.

[63] FARRELL J, SALONER G. Installed Base and Compatibility: Innovation, Product Preannouncement and Predation [J]. American Economic Review, 1985 (16): 70-83.

[64] 潘海波，金雪军. 技术标准与技术创新协同发展关系研究 [J]. 中国软科学，2003 (10): 110-114.

[65] 杨小凯. 经济学——新兴古典与新古典框架 [M]. 北京：社会科学文献出版社，2003.

[66] 孙元明. 消费者预期对消费行为影响的问卷设计与定量分析——迈进中的华人心理学 [M]. 香港：香港中文大学出版社，2000.

[67] 房全忠. 论消费者预期的引导 [J]. 宁夏党校学报，2000，2 (7): 38-40.

[68] 帅旭，陈宏民. 具有网络外部性的产品兼容性决策分析 [J]. 管理工程学报，2004，18 (1): 35-38.

[69] BASEN S M, FARRELL J. Choosing How to Compete: Strategies and Tactics in Standardization [J]. Journal of Economic Perspectives, 1994 (8): 117-131.

[70] ROBERT H A, RAM D S. The Role of Standards in Innovation [J]. Technological Forecasting and Social Change, 2000, 64 (6): 171-181.

[71] GILBERT R J. Symposium on Compatibility: Incentives and Market Structure [J]. Journal of Industrial Economics, 1992 (1): 88-101.

[72] ECONOMIDES N. Network Externalities, Complementarities, and Invitations to Enter [J]. European Journal of Political Economy, 1996 (12):

211 - 233.

[73] TAN Z. Testing Theory of Bandwagons - global Standardization Competition in Mobile Communications [J]. International Journal of Information Technology & Decision Making，2002 (4)：605 - 619.

[74] KEIL T. De - facto Standardization Through Alliances - lessons from Blue - tooth [J]. Telecommunication Policy，2002 (26)：205 - 213.

[75] QIAN C H，ZHENG X X. Network Externalities，Specified Assets and Economic Analysis on Competition in Network Market [J]. China Soft Science，2003 (9)：49 - 54.

[76] 葛亚力．技术标准战略的构建策略研究 [J]. 中国工业经济，2003 (6)：91 - 96.

[77] 张平，马娆. 标准化与知识产权战略 [M]. 北京：知识产权出版社，2002.

[78] ROBERT H A，RAM D. The Role of Standard in Innovation [J]. Technological Forecasting and Social Change Volume，2000，64 (6)：171 - 181.

[79] 傅家骥．技术经济学前沿问题 [M]. 北京：清华大学出版社，2003.

[80] NELSON R. "Schumpeter and Contemporary Research on the Economics of Innovation," from the Sources of Economic Growth [M]. Cambridge，Mass：Harvard University Press，1996.

[81] GIOVANNI D. Technological paradigms and technological trajectories [J]. Research Policy，1982 (11)：147 - 162.

[82] MALMBORG F V. Stimulating Learning and Innovation in Networks for Regional Sustainable Development：the Role of Local Authorities [J]. Journal of Cleaner Production，2007，15 (17)：1730 - 1741.

[83] 郭斌，许庆瑞．失败创新项目的潜在收益效应研究 [J]. 科研管理，1997 (4)：36 - 40.

[84] 张华胜，薛澜. 技术创新管理新范式：集成创新 [J]. 中国软科学，2002 (12)：6 - 22.

[85] 王润良，郑晓齐. 技术复杂性及其对组织结构的影响 [J]. 科学学研究，2001 (3)：29-33.

[86] 夏保华，陈昌曙. 技术创新群研究 [J]. 自然辩证法讯，2000 (1)：38-46.

[87] CHAVES C V，MORO S. Investigating the Interaction and Mutual Dependence between Science and Technology [J]. Research Policy，2007，36 (8)：1204-1220.

[88] WRIGHT S C W，CLARK K B. Leading Product Development [M]. New York：The Free Press，1995.

[89] LICHTENTHALER E. Managing Technology Intelligence Processes in Situations of Radical Technological Change [J]. Technological Forecasting and Social Change，2007，74 (8)：1109-1136.

[90] 李丹，等. 中小企业的阶段性技术创新战略 [J]. 经济论坛，2004 (23)：15-17.

[91] 徐荣凯. 从轻工企业创新实践谈企业创新战略 [J]. 中外科技政策与管理，1996 (1)：15-23.

[92] 李贝贝，黄锋. 信息技术的兼容性分析 [J]. 中国工业经济，2003 (7)：83-88.

[93] 夏保华. 论企业持续技术创新的结构 [D]. 沈阳：东北大学，1999.

[94] LEE C，CHEN W J. Cross-functionality and Charged Behavior of the New Product Development Teams in Taiwan's Information Technology Industries [J]. Technovation，2007，27 (10)：605-615.

[95] 安迪·葛洛夫. 10 倍速时代 [M]. 呼和浩特：内蒙古人民出版社，1998.

[96] 蔡兵. 技术联盟现象初探 [J]. 自然辩证法研究，1995 (8)：38-42.

[97] 贝尔纳·斯蒂. 格勒技术与时间 [M]. 南京：译林出版社，1999.

[98] TANAKA H，IWAISAKO T，FUTAGAMI K. Dynamic Analysis of In-

novation and International Transfer of Technology through Licensing [J]. Journal of International Economics，2007，73 (1)：189 - 212.

[99] 邓磊．关于技术形成与发展模式的个案研究 [D]. 哈尔滨：哈尔滨工业大学，2005.

[100] 王毅．企业核心能力理论探源与评述 [J]. 科技管理研究，2000 (5)：5 - 8.

[101] 陈劲，王毅，等．国外核心能力研究评述 [J]. 科研管理，1999 (5)：77 - 78.

[102] 西韦尔．核心竞争力 [M]. 北京：华夏出版社，2003.

[103] LEONARD - BARTON D. Core Capability and Core Rigidities：A Paradox in Managing New Product Development [J]. Strategic Management journal，1992 (13)：111 - 125.

[104] TEECE D J，PISANO G，SHUEN A. Dynamic Capabilities and Strategic Management [J]. Strategic Management Journal，1997，18 (7)：509 - 533.

[105] HAYS R，PISANO G，UPTON D M. Strategy Corporations：Competing through Capabilities [M]. New York：the Free Press，1996.

[106] MARKIDES C，WILLIAMSON J. Related Diversification. Core Competence and Corporate Performance [J]. Strategic Management Journal，1994 (15)：149 - 157.

[107] VERDIN P J，WILLIAMSON P J. Core competence，Competitive Advantage and Market Analysis：Forging the Links [J]. The Strategic Management Society，1994 (9)：95 - 108.

[108] LIN S，LIU J L. The Research and Application of the Strategic Analysis and Selection of R&D Project [M]. Journal of Systems Science and Systems Engineering，1998 .

[109] 吕洁华．高新技术企业核心竞争力研究 [D]. 哈尔滨：东北林业大学，2005.

［110］ PATEL P，PAVITT K. The Technological Competencies of the World's Largest Firms：Complex and Path - dependent，but not Much Variety ［J］. Research Policy，1997（26）：141 - 156.

［111］ 项保华．战略管理——艺术与实务［M］. 北京：华夏出版社，2003.

［112］ 耿弘．企业进入壁垒研究——兼论过渡期中国企业竞争战略［D］. 南京：南京大学，2001.

［113］ 任少林，张耀辉．市场进入壁垒与标准之争［J］. 软科学，2003（17）：28 - 29

［114］ 帅旭，陈宏民．市场进入与网络外部性效应［J］. 系统工程，2003，21（3）：47 - 52.

［115］ 卡布尔·J. 产业经济学前沿问题［M］. 北京：中国税务出版社，2000.

［116］ 杨惠馨．企业的进入退出与产业组织政策［M］. 上海：上海人民出版社，2000.

［117］ 李太勇．市场进入壁垒［M］. 上海：上海财经大学出版社，2002.

［118］ 陈凡．技术社会化引论［M］. 北京：中国人民大学出版社，1995.

［119］ BARNEY J. Integrating Organizational Behavior and Strategy Formulation Research：A Resource Based Analysis. In P. Shrivastiva，A. Huff，and J. Dutton（eds.），Advances in Strategic Management，Greenwich，Conn ［J］. JAI Press，1992（8）：39 - 62.

［120］ DIERICKX I，COOL K. Asset Stock Accumulation and Sustainability of Competitive Advantage ［J］. Management Science，1989，35（12）：1504 - 1511.

［121］ MILLER D，SHAMSIE J. The Resource - based View of the Firm in Two Enviroments：The Hollywood Film Studios From 1936 to 1965 Academy of Management Journal ［J］. Briarcliff Manor：1996，39（6）：519.

[122] HALL R. The Strategic Analysis of Intangible Resources [J]. Strategic Management Journal，1992 (13)：135 - 144.

[123] UTTERBACK J M，KIM L. Invasion of a Stable Business by Radical Innovation，in the Management of Productivity and Technology in Manufacturing，P. R. Kleindorfer，ed [M]. New York：Plenum Press，1986.

[124] MODIGLIANI F. New Developments on the Oligopoly Front [J]. Journal of Political Economy，1958 (66)：215 - 232.

[125] SPENCE A M. Entry，Capacity，Investment and Oligopolistic Pricing [J]. Bell Journal of Economics，1977 (8)：534 - 544.

[126] DIXIT A. The Role of Investment in Entry Deterence [J]. Economic Journal，1980 (90)：95 - 106.

[127] MILGROM P，ROBERTS J. Limit Pricing and Entry under Incomplete Information：an Equilibrium Analysis [J]. Econometrica，1982 (a50)：443 - 460.

[128] 闻中，陈剑. 网络效应、市场结构和进入壁垒 [J]. 系统工程理论与实践，2002 (2)：61 - 66.

[129] 戴维·贝赞可，等. 公司战略经济学 [M]. 北京：北京大学出版社，1999.

[130] DOH J P. Entrepreneurial Privatization Strategies：Order of Entry and Local Partner Collaborations Sources of Competitive Advantage [J]. Academy of Management Review，2000，25 (3)：551 - 571.

[131] 陈劲，王如富. 知识经济与企业核心能力的培养 [J]. 中国软科学，1999 (3)：77 - 79.

[132] 马飞，王利政. 基于内在结构的企业核心竞争力评价体系 [J]. 吉林大学学报：工学版，2004 (1)：163 - 167.

[133] 李庆东，李艳杰，等. 企业核心竞争能力及其评价指标体系研究 [J]. 工业技术经济，2002 (5)：36 - 37.

[134] 郭斌，蔡宁. 企业核心能力审计：指标体系与测度方法 [J]. 系统

工程理论与实践，2001（9）：7－15.

［135］万伦来，达庆利．企业核心能力的识别方法研究［J］．管理工程学报，2003（2）：54－58.

［136］邓修权，等．核心能力构成要素的调查分析——基于中国期刊全文数据库［J］．科研管理，2003（2）：109－115.

［137］SKINNER W. Manufacturing—Missing Link in Corporate Strategy［J］. Harvard Business Review，1969，47（3）：136－145.

［138］HAYES R H，WHEELWRIGHT S C. Restoring Our Competitive Edge：Competing through Manufacturing［M］. New York：John Wiley，1984.

［139］BUFFA E S. Making American Manufacturing Competitive［J］. California Management Review，1984，26（3）：29－46.

［140］WOOD D J，BRUNER J S，ROSS G. The Role of Tutoring in Problem Solving［J］. Journal of Child Psychology and Psychiatry，1976（9）：89－100.

［141］SCHROEDER R G，ANDERSON J，CLEVELAND G. The Content of Manufacturing Strategy：An Empirical Study［J］. Journal of Operations Management，1986，6（4）：405－415.

［142］VICKERY S，CALANTONE R，DROGE C. Supply Chain Flexibility：An Empirical Study［J］. The Journal of Supply Chain Management，1999（10）：16－24.

［143］WARD P T，DURAY R，LEOZZG G K，et al. Business Environment，Operations Strategy，and Performance：An Empirical Study of Singapore Manufacturers［J］. Journal of Operations Management，1995，13（2）：99－115.

［144］DANGAYACH G S，DESHMUKH S G. Manufacturing strategy：Literature Review and Some Issues［J］. International Journal of Operations & Production Management，2001，21（7）：884－932.

［145］GALLON M R，STILLMAN H M，COATES D. Putting Core

Competence into Practice [J]. Research Technology Management, 1995 (5): 20 - 28.

[146] HAMILTON R D, ESKIN E D. Assessing Competitors: The Gap between Strategic Intent and Core Capability [J]. Long Range Planning, 1998, 3 (1): 406 - 417.

[147] GRANDSTRAND O. Towards a Theory of the Technology - based Firm [J]. Research Policy, 1998 (27): 465 - 489.

[148] 梁莱歆,张永榜. 我国高新技术企业技术竞争力实证分析 [J]. 科研管理, 2005 (1): 21 - 25.

[149] 宛天巍,曾赛星,王浣尘,等. 长三角制造业企业国际化竞争优素潜在竞争力水平实证研究 [J]. 中国软科学, 2006 (3): 100 - 107.

[150] 丁伟斌,荣先恒,桂斌旺. 我国中小企业核心竞争力要素选择的实证分析 [J]. 科学学研究, 2005 (5): 650 - 655.

[151] 费冬青,徐飞. 上海民营高科技企业核心技术竞争力实证研究 [J]. 科学学研究, 2005 (1): 94 - 98.

[152] 胡恩华,单红梅,等. 企业核心竞争力的识别与综合模糊评价 [J]. 系统工程, 2004 (1): 48 - 51.

[153] 李仁安,李梅. 企业核心竞争力分析与评价 [J]. 武汉工业大学学报, 2000 (2): 73 - 76.

[154] 魏江,叶学峰. 基于模糊方法的核心能力识别和评价系统 [J]. 科研管理, 2001 (2): 96 - 102.

[155] 罗陶露. 我国石油石化企业核心竞争力评价研究 [D]. 南京: 河海大学, 2005.

[156] 张铁男,金振声,等. 企业文化与核心能力体系 [J]. 工业技术经济, 2002 (2): 8 - 10.

[157] 党兴华,郑登攀. 技术创新网络中核心企业影响力评价因素研究 [J]. 科研管理, 2007, 28 (3): 19 - 26.

[158] 康荣平. 中国企业核心能力剖析: 海尔与长虹 [J]. 中国工业经

济，2000（3）：64-68.

［159］杜纲．企业核心能力诊断分析模型［J］．数量经济技术经济，1998（8）：62-64.

［160］杨宏林．基于主成分分析的企业竞争力模糊评价模型研究［J］．当代财经，2004（4）：126-128.

［161］谢富纪．技术进步及其评价［M］．上海：上海科技教育出版社，2004.

［162］甘露，曾德明，彭盾．基于股票期权的核心知识员工多重激励组合模型［J］．财经理论与实践，2007，28（6）：106-110.

［163］FREEMAN C. Networks of Innovators：A Synthesis of Research Issues［J］. Research Policy，1991，20（5）：499-514.

［164］BEBRESSON C，AMESSE F. Networks of Innovators：A Review and Introduction to the Issue［J］. Research Policy，1991，20（5）：363-379.

［165］ZANDER I. How Do You Mean "Global"? An Empirical Investigation of Innovation Networks in Multinational Corporation［J］. Research Policy，1999，28（2/3）：195-213.

［166］ESTADES J，RAMANI S V. Technological Competence and Influence of Networks：A Comparative Analysis of New Biotechnological Firms in France and Britain［J］. Technology Analysis & Strategic Management，1998，10（4）：483-495.

［167］ROWLEY T，BEHRENS D，KRACKHARDT D. Redundant Governance Structures：An Analysis of Structural and Relational Embeddedness in the Steel and Semiconductor Industries［J］. Strategic Management Journal，2000，21（3）：369-386.

［168］王大洲．企业创新网络的进化与治理：一个文献综述［J］．科研管理，2001（5）：96-103.

［169］徐和平，孙林岩，慕继丰．产品创新网络中的信任与信任机制探讨［J］．管理工程学报，2004（2）：55.

[170] 黎继子，蔡根女．技术创新网络与隐性知识流转分析 [J]．研究与发展管理，2004 (5)：53－57.

[171] 程铭，李纪珍．创新网络在技术创新中的作用 [J]．科学学与科学技术管理，2001 (8)：52－54.

[172] 沈必扬，池仁勇．企业创新网络：企业技术创新研究的一个新范式 [J]．科研管理，2005，28 (3)：84－91.

[173] MILLER D，SHAMSIEJ. The Resource－based View of the Film in Two Environments：The Hollywood File Studio From 1936 to 1965 [J]. Academy of management Journal，1996，37 (1)：39.

[174] KREPS D M. Corporate Culture and Economic Theory，Perspectives on Positive Political Economy [C]．Cambridge University Press，1990，90－143.

[175] 薛伟贤，党兴华．网络环境下企业技术创新过程的特性分析 [J]．研究与发展管理，2004，16 (6)：9－14.

后 记

结论一

本书在已有相关研究成果的基础上，对主导设计演进对网络型企业竞争力的影响做了一些有益的探讨性研究，主要研究结论如下：

（1）从现有的文献可以发现，学者们对于主导设计、竞争力的研究都处于一种分散状态，要么就仅研究企业竞争力。研究比较多的还是集中在技术创新与企业的竞争力的关系之间，而至于在这个过程中，产品主导设计会扮演一个什么角色，并没有进行过研究与探讨。本书通过严谨的理论推演，认为主导设计能够产生消费者锁定，再加上网络效应的存在，让主导设计所有者获得行业大部分利润。另外，主导设计的演进能够带来企业持续性技术创新，从而能够使企业获得持续竞争优势。因此，企业需要注重主导设计的竞争，抓住主导设计演进时带来的机会，从而获得竞争优势。

（2）主导设计与消费者预期之间存在互动关系。一方面，网络产业中，主导设计出现之后开始了“抖落”现象，即行业主导设计出现后，通常只有一小部分企业能够抓住行业主导设计，竞争实力和经济规模迅速提高。而许多企业不能及时实现产品设计、工艺、组织的应有变化，被市场淘汰出局。另一方面，网络产业主导设计出现后，行业进入壁垒陡然增高。由此，排除了新进入者的威胁，已有消费者和潜在消费者不断使用产业中现有企业的产品。由于网络效应的存在，使得这些企业利润得到保障，发展良好，从而增加了消费者预期值，就会有越来越多的消费者进入，越来越多的用户发现使用该产品是值得的。最后，产品达到了临界容量，由于网络外部性的存在，网络规模不断扩大，这样消费者的预期值越来越高，整个网络产业进入良性循环。

(3) 产品主导设计并非一成不变，在众多综合因素影响下，会发生改变。产品主导设计变化，说明行业技术轨道将发生改变。网络型企业掌握了产品主导设计，就能够进入产业技术轨道，沿着技术轨道进行顺轨创新并实现低成本持续创新，从而获得持续竞争力。产品主导设计最后将转化为标准，通过标准与专利的结合，企业获得异质性资源，从而形成动态竞争力。

(4) 主导设计往往表现为专利形式，在知识产权制度下，其他网络型企业创新往往涉及侵权行为。再加上网络效应对消费者的锁定以及间接网络外部性对互补品生产商的影响，使得这些主导企业搜刮了行业的大部分利润。这种技术创新能力，反映了网络型企业将资源优势转换成技术优势的能力，是构成网络型企业竞争力的核心要素。随着科学技术的迅猛发展和企业环境的日益多变，产品更新换代速度越来越快，网络型企业建立自己的主导设计、核心技术体系，提高自身核心技术能力已成为网络型企业战略的核心。

(5) 在不同地域基于主导设计而进行的进化过程中，技术人工制品将呈现家族相似的多样化特征。基于技术轨道顺轨性技术创新替代了基于知识和技术平台的衍生性创新。企业在主导设计领域的一定优势知识和技术积累，成为企业在某一阶段内持续创新的知识和技术平台，企业由此可以开发出不同细分市场需求的衍生产品。在常规设计的技术平台上，实现转移—吸收—调整—扩散的良性发展。通过改造、优化、整合，开发出适应各自环境的技术和产品，形成企业在市场中独有的竞争优势。

(6) 企业一旦将自己的主导设计上升为行业主导设计，同时利用知识产权保护机制，就建立起了良好的市场进入壁垒，一方面能够获得持续的低成本的创新，另一方面还能保护自身技术。在这个过程中，主导设计的确定，标志着市场进入壁垒的形成，可以大大提高企业抵御风险、获取超额利润和进行消费者锁定的能力，从而增强企业的竞争力。主导设计的演进，是企业形成异质性能力，获得持续竞争能力的重要途径。

（7）通过实证研究，利用SPSS计算得出因子得分函数系数，由此得到因子得分函数，并计算出因子得分，在得分函数表中就可以直接查询每个样本的具体特征。通过查询，可以检验本书对代表网络型企业技术创新的两个变量专利数量和研发投入比率的假设，也就证明了技术创新在网络型企业竞争力中占据了重要地位。

结论二

本书力图从理论与实证两方面探讨主导设计以及主导设计演进对网络型企业竞争力的影响。但是，由于多方面原因，使得本书的研究存在一定的局限性：

（1）本书在理论推导的过程中，主要就整篇文章的结论进行了一个实证。对于里面一些细小的结论，缺乏相应的数据支撑，使得很多的观点仅仅停留在理论层面，缺乏现实数据的解释。

（2）在分析主导设计演进的动因时，由于知识结构的缺陷，使得缺乏相应的现实案例作为支撑。具体体现在分析重大技术发生跳跃时，缺少因技术发生变化而导致主导设计改变的现实情况。

（3）在分析网络型企业竞争力构成指标体系时，虽然做了一个系统的研究，但是还有很多指标没有被纳入到本书的评价指标体系中来。同时，一些指标的内涵，只是对于网络产业而言，需要做进一步的解释。

（4）在实证研究过程中，由于受到经费限制以及数据的可获得性等原因，使得实证的指标过少、样本过少。虽然最后的统计结果可以说明本书的研究结论，但是，样本量过少、指标过少的缺陷仍然存在。同时，在数据搜集和筛选过程中，存在一些“白噪音”，还需对数据进行进一步加工，以使得结论更具有一般意义上的说服力。

尽管存在上述的局限性，但是本书力图为主导设计对网络型企业竞争力影响的研究提供一种新的研究思路、框架与方法，研究得出的一些结论还是对我国企业主导设计竞争、技术创新战略实践具有一定的指导意义，对该问题进一步的研究具有一定的借鉴价值。

结论三

本书是对主导设计演进对网络型企业竞争力影响的系统研究，提出并用实证检验了理论架构。但囿于各方面的条件，对于其中的一些问题，尚未完全解决，有待进一步的研究。主要是：

（1）从产业层面，研究产业主导设计与产业经济发展。主导设计的研究不仅仅局限在微观层面的企业竞争以及抓住演进机会，获得持续性技术创新，进而形成持续性竞争优势。从产业层面考虑到主导设计的确立，可能会实现产业技术创新集群，实现产业结构升级，产业经济得到发展。此外，一个国家的产业如果能够形成自有知识产权的主导设计，那么将在国际竞争中获得较高竞争优势。

（2）主导设计竞争中，企业的策略。主导设计竞争已经成为企业战略的一个重要领域。在主导设计竞争中，企业应该采用哪些方式，以便获得主导设计竞争的胜利。比如说，企业应该采用何种营销策略、如何开展自己的知识产权策略、如何进行自己的技术创新战略，这都是有待进一步研究的内容。

（3）主导设计与设计主导之间的联系与区别。设计主导是考虑用户需要与产品功能实现之间的一种映射关系。那么在主导设计形成、演化过程中，设计主导会扮演一个什么样的角色？设计分为三个层次，产品设计、企业形象设计以及企业战略设计，那么这些层次跟本书所研究的主导设计之间会存在什么样的联系，这将是以后着重研究的方向。

李艳红

2012 年 10 月